KB273234

그리스도인의 정치 색깔

그리스도인의 정치 색깔

신동식 지음

우리시대

추천의 글 1

빛과소금교회를 담임하고 계시는 신동식 목사님은 신앙의 본질과 실천에 앞장서시는 분이시다. 신 목사님은 이 책에서 기독교적 국가관과 삶의 양식을 매우 구체적으로 알기 쉽게 설명해 놓았다. 이 책은 특히 이원론에 빠져 허우적거리는 한국의 그리스도인들에게 유익하다. 한 번쯤 읽어보고 주님 앞에 섰을 때 부끄럽지 않게 되기를 바란다.

백종국교수 (경상대 국제정치학 교수)

추천의 글 2

가장 인상적인 것은 상당히 논쟁적일 수 있는 주제에 대하여 일반적 한국교인들 눈높이에 맞추어서 쉽게 잘 정리하였다는 것이다. 신앙을 사적 공간화 시켜서 정치는 물론 가장 기본적으로 국가를 어떻게 이해해야하는지 등에 대하여 목회자들이 전혀 관심도 언급도 없는 현실에서 현장목회자가 쉬운 문체로 너무 요긴하게 쓴 책이다.

전재중변호사 (법무법인 소명 대표)

신앙이 삶을 지배하지 못하고 삶이 신앙을 지배해버린다면 그 것은 진정한 신앙인의 모습이 아닙니다. 신앙이 정치에 영향을 주지 못하고 정치에 신앙인의 삶이 휘둘린다면 그것은 제자도를 실천해야 할 바람직한 크리스천 시민의 모습이 아닙니다. 정치적 색깔론에 휘둘리는 이 시대의 교회에 기독교적 정치 색깔을 드러내려는 이 책은 지금 이 순간에 꼭 필요한 선지자적 목소리를 담은 귀한 책입니다. 설교와 실천이 늘 함께하는 신동식 목사님의 메시지에 함께 귀 기울였으면 합니다.

김선욱교수 (숭실대 철학 교수)

정치는 기독교인에게, 그리고 한국교회에 오래된 숙제이다. 한국교회의 갈등의 원인이고, 어떻게 보면 신학의 기준이 되기도 한다. 정치참여라는 단어로 표현되는 이 문제는 한국교회에 존재의 어려움이 되기도 했고, 근거가 되기도 했다. 대표적으로 한국기독교교회협의회(NCCK)와 한국기독교총연합회(한기총)로 갈라진 한국교회의 그간 모습도 결국 이 정치의 문제가 크게 작용했다. 권위주의 정권이 나라를 움직여 가고 있던 시절 사회정의를 위해 힘썼던 NCCK

는 무던히 정보기관의 사찰의 대상이었고, 동시에 공작의 대상이었다. 그에 반하여 당국의 후광을 얻었던 한기총은 격려와 감사의 대상이었다. 그 결과는 오늘날까지 이어져 진보와 보수의 가름이 이 두 단체의 성격을 규정하고 있다.

이 틈바구니 속에서 한국교회와 기독교인들은 자신들의 방향을 어떻게 정해야하는지 항상 고민하고 있다. 예수를 믿는 사람은 진보여야 하는지, 보수여야 하는지, 또 현실적으로 새누리당이어야 하는지, 민주당이어야 하는지를 고민하는 것이다. 이러한 고민 속에서 잃어버리는 것이 있다면 바로 복음이다. 복음은 진보도 보수도, 새누리당도 민주당도 아니다. 복음은 모든 사람들에게 열려 있는 참된 진리이다. 이 진리를 가지고 있다면 세상이 정해놓은 그 틀에 매여서 고민하지는 않을 것이다. 그런데 우리는 그 틀을 가지고 복음을 해석하려 든다. 복음은 그렇게 퇴색해가고 있는 것이다.

신동식 목사님은 이 책에서 그러한 틀을 벗으라고 이야기한다. 한국교회가 여태까지 그런 틀에 갇혀 있었지만 그게 중요한 것이 아니라고 한다. 중요한 것은 복음이고, 그 복음이 제시하고 있는 하나님 나라의 윤리에 있다는 것이다. 기독교윤리실천운동(기윤실)에서 대학생 시절부터 오늘까지 이 윤리를 붙잡고 씨름해온 신 목사님의 본 책은 바로 이러한 저자의 삶의 경험에서 우러나오는 큰 울림을 담고 있다. 그래서 그의 삶을 알고 있는 본인은 이 책이 더욱 크게 느껴진다.

저자는 이 책에서 국가에 대해서 이론적 설명을 하면서 동시에 시민운동의 가능성을 이야기한다. 권력을 쥐고자 하는 정치가 아니라 하나님 나라를 향한 정치로서 시민운동의 가능성, 그리고 시민의 시민다움

그리스도인의 정치 색깔

삶을 이야기한다. 기독교인으로서 이 대한민국 땅에 살면서 바로 여기서 어떻게 하나님 나라를 경험할 수 있을까를 그는 구체적으로, 하나하나 사안별로 제시하고 있다. 그의 가르침을 따라 가다보면 내가 사는 이곳에서 하나님 나라를 맛볼 수 있을 것 같다는 생각이 든다.

정치가 다시 어지러운 시기이다. 이 책이 그 대안을 제시하고, 흐트러지는 우리 생각을 정리해 줄 수 있기를 기대해 본다.

조성돈교수 (실천신학대학원대학교 목회사회학 교수)

저자 서문

“빨갱이”, “꼴통 보수”, “좌파? 우파?”

우리의 삶에서 아주 익숙한 말이다. 우리의 정치 역사는 좌우를 가르는 역사라고 하여도 무방하다. 분단 된 국가가 가지고 있는 태생적인 한계이다. 여기에 정치인들은 기회만 되면 색깔론을 통하여 국민을 분열시키는데 앞장서 왔다. 영남과 호남을 가르는 것도 부족하여 좌우를 갈랐다. 이러한 정치적 꼼수에 백성들은 세뇌 되었다. 그래서 무엇이 진실인지 아는 것보다, 그 사람이 가지고 있는 생각이 무엇인지 듣기보다, 좌파인지 우파인지 밝히는 것이 더욱 중요하게 생각되었다. 이것이

슬픈 우리의 역사이다.

그런데 놀랍게도 그리스도인들 역시 이러한 이데올로기 논쟁에서 자유롭지 못하다. 신앙을 가지고 있어도 좌우의 논리에 빠져서 판단하는 것이 사실이다. 이러한 문제는 급기야 교회 분열을 야기한다고 생각하여 아예 말도 꺼내지 못하는 상황이 되어 버렸다. 그래서 정치 문제에 있어서는 철저하게 이원론적인 것이 사실이다. 그것은 성경이 보여주는 정치적 견해를 가지고 있지 않기에 그렇다. 교회는 오래 다녔어도 이러한 문제에 있어서 배워 본적이 없기에 정치 이야기를 할 수 없는 것이다.

또한 정치인의 선택 문제 앞에서도 늘 답답한 것이 사실이다. 투표는 해야겠는데 어떠한 관점으로 해야 할지 막막한 것이 사실이다. 그래서 교회 다니고 있는지, 다니고 있지 않는지를 통하여 판단한다. 후보자가 가지고 있는 정책과 은사보다는 신앙의 유무가 선택의 기준이 되는 것이 비일비재하다. 뿐만 아니라 자신의 세속적 세계관의 관점에서 선택하기도 한다.

이것이 현실이다. 하지만 부끄러운 사실이다. 이러한 상황은 하나님이 결코 기뻐하지 않으신다. 이 땅을 대신하여 통치할 대리자로 우리가 부름을 받았다면 그리스도인들은 정치의 영역에서 더욱 분명하고 바른 자세를 가지고 있어야 한다. 그것은 바로 그리스도인의 색깔을 갖는 것이다. 성경이 알려준 색깔이 필요하다. 좌우의 색깔이 아닌 성경의 색깔, 하나님의 기준이 필요하다. 이 기준으로 우리는 정치를 이야기하고 선택하여야 한다.

그런데 대다수의 사람들은 어떻게 선택하고 분별해야 하는지 기준을 가지고 있지 못하다. 물론 많은 전문가들이 쏟아 내는 책들이 없는 것은 아니다. 하지만 그러한 책들은 너무 세밀하고 전문적이어서 일반인들이 살펴보고 평가하기에는 한계가 있다. 그런데 이러한 고민을 해결해 줄 책이 잘 보이지 않는다. 이러한 책이 있었으면 좋겠다는 이야기를 종종 들었다. 이 책은 바로 이러한 고민의 현장에서 시작되었다.

이 책은 지역 교회와 시민운동의 현장에서 보고 나누고 느낀 것과 또한 오랫동안 프란시스 쉐퍼의 사상을 공부하였던 경험이 바탕이 되었다. 그리고 그리스도인으로서 정치에 대하여 좀 더 바르게 접근하고자 하는 소박한 마음이 이 책을 끝까지 집필 할 수 있게 하였다.

이 책은 총 3부로 되어 있다. 1부에서는 한국 교회가 걸어온 길을 살펴보았다. 한국 교회가 보여주었던 정치적 위치가 어떠했는지 간략하게 소개하였다. 그리고 그 연장선상에서의 한국 교회, 특별히 보수교회의 정치적 적극성을 다루었다. 이것을 다룬 이유는 한국 현대사에 있어서 아주 특이한 모습으로 나타났기 때문이다. 이러한 접근을 통하여 이미 정치의 깊숙한 곳에 서 있는 한국 교회의 실체를 인정하면서 이제 참여의 유무는 의미가 없기에 어떠한 가치로 참여해야 하는지를 다루었다.

2부에서는 그리스도인의 정치적 색깔을 만들기 위한 기본적 전제를 다루었다. 국가론과 시민 불복종 그리고 경제 민주화와

그리스도인의 정치 색깔

전세대란과 하우스 푸어 시대에 대한 의미를 되새겼다. 성경은 심은 대로 거둔다고 말씀하고 있다. 심지 않고 거둘 수 없듯이, 배우지 않고 살 수 없다. 2부는 그런 의미에서 실천을 위한 심는 작업이라 할 수 있다. 조금은 전문적인 내용이 있을 수 있겠지만 이해하지 못하는 부분은 없을 것이라 생각한다.

3부는 실천적인 입장에서 그리스도인이 가지고 있어야 할 정치적 자세를 다루었다. 온갖 색깔이 난무하는 가운데 그리스도인이 가지고 있어야 할 정치적 색깔은 무엇인지 15개의 실천과제를 통하여 제시하였다. 이것은 정치적 선택에서 어떠한 기준을 가지고 판단해야 할지를 여러 사람들과의 만남과 대화에서 얻은 결과이다. 여기에는 중학생들부터 노년에 이르기까지 그리고 주부의 입장까지 소소하게 나누었던 내용도 포함되어 있다. 이들과의 대화를 통하여 성경이 말하는 그리스도의 색깔을 결정하는 것을 정리하였다. 사실 이것이 모든 판단의 기준이라 말할 수 없지만 가장 기본적인 내용이라 생각한다.

3부로 되어 있는 이 책을 읽는데 그리 힘들지 않을 것이라 생각한다. 책을 읽는 일에는 시간을 내야 한다. 한 사람의 지도자를 뽑는 것은 매우 중요하다. 이를 가볍게 여기는 것은 하나님 앞에 부끄러운 행동이다. 우리는 좀 더 진지하게 그리고 하나님의 가르침에 충실하게 지도자를 선택하여야 한다. 그러기 위해서는 바른 분별력이 필요하다. 하나님의 선하시고, 온전하시고, 기뻐하시는 뜻을 분별하는 것은 우리의 몫이다.(롬 12:2)

세상은 자신들의 색깔이 진리라고 생각하고 있다. 그런데 많은 그리스도인들이 그러한 논리에 부화뇌동하는 것을 종종 본다. 이제 우리의 색깔을 찾아야 한다. 성경이 보여주고 있는 그리스도의 정치 색깔이 우리에게 필요하다. 좌우의 색깔이 아닌 성경의 색깔이 우리를 지배해야 한다. 그것이 하나님의 뜻을 이 땅 가운데 실현하는 것이다. 정치의 영역은 일반은총의 영역이다. 이 영역에서 그리스도인들이 견고한 자세를 갖는 것은 두 말할 필요가 없다. 우리의 색깔을 가지고 있어야 한다. 그것이 이 책이 추구하는 목표이다.

사실 용기를 가지고 책을 낸다. 그럴 자격이 되는지 모르지만 동 시대를 살면서 함께 고민하는 이들을 섬길 수 있는 기회라고 생각하고 집필하였다. 이 작은 책이 그러한 분별력을 갖게 하는데 작게나마 도움이 된다면 더한 기쁨이 없을 것이다.

『그리스도인의 정치 색깔』이 나오는데 있어서 귀한 분들의 도움이 있었다. 우선 이 책의 발문을 써준 이승구 교수님의 사랑에 감사를 드린다. 신학적 정체성을 갖는데 귀한 지침을 주셨다. 그리고 기윤실에서 한국 교회를 위하여 자발적 헌신의 삶을 살고 있는 백종국 교수님과 전재중 변호사님 그리고 김선욱 교수님과 조성돈 교수님의 사랑을 잊을 수 없다. 이 작은 책에 추천서를 기꺼이 허락하여 주셔서 너무나 감사하다. 또한 사랑하는 친구인 변완희 박사의 조언과 제안은 이 책에 좋은 영양분이 되었다. 여기에 덧 붙여 기윤실의 조제호 사무처장과 새벽이슬의 임왕성 간사에게도 감사를 드린다. 바쁜 시간에도 책을 읽고 촘촘히 제안을 하여 주어서 좀 더 나은 책이 될 수 있었다고 생각한다. 그리고 언제나 가까운 곳에서 힘을 불어 준 김항석·권혜영부부, 김주호, 박정현, 박종모, 유수열, 박종한 형제 그리고 이신실 자매에게 감사를 드린다. 특별히 병상에서도 끝까지 이 책을 디자인하여 준 이하양 자매에게 감사를 드린다. 이 책이 큰 힘이 되기를 바란다. 더불어 교회를 세우기 위하여 동역자된 박석화 목사, 송용환 강도사, 정대원 강도사의 수고에 감사함을 전하고 싶다. 마지막 순간이 힘들었지만 끝까지 책이 나올 수 있도록 함께 응원하여 준 빛과 소금 교회 가족들에게 늘 고마움을 전한다.

책을 쓸 때마다 주저하지 말라고 항상 힘을 주고 첫 번째 독자로서 출판에 용기를 주는 사랑하는 아내 덕예와 책을 쓰느라 놀아주는 일을 못해도 여전히 사랑해주는 우리 딸 지예와 아들 현호에게 다할 수 없는 고마움을 전한다.

이렇게 많은 분들의 손길이 있었기에 이 책이 나왔다. 하지만 혹시라도 미숙한 부분이 있다면 그것은 전적으로 본인의 책임이다. 다시 한 번 이 책이 하나님의 영광을 위하여 쓰여 지고, 그리스도인들에게 도움이 되기를 소망한다. 오직 하나님께 영광을 돌린다.

2012년 11월 20일
소명의 땅 원당에서 신동식 목사

그리스도인의 성경적 정치 참여에 대한
제시를 높이 사면서

여기 개혁신학에 충실한 젊은 장로교 목사님이신 신동식 목
사님의 그리스도인의 정치 참여에 대한 귀한 제시가 우리에게
선물로 주어지고 있습니다. 개혁신학에서는 삶의 모든 영역이
다 하나님의 것이고, 특히 우리의 구속주 되신 그리스도의 것
이라고 예수 그리스도께서 가르치시고 선언하신 것에 근거해

서 삶의 그 어떤 영역에서도 열심히 하나님의 뜻을 구현해야 한다고 항상 가르쳐 왔습니다. 그 영역에서 정치 영역이 제외되어 본적이 한번도 없습니다. 그러므로 개혁신학에 충실한 그리스도인들은 그들이 어디로 가든지 자신이 사는 지역과 국가의 정치에도 적극적으로 열심히 참여 해 왔습니다.

이에 가장 충실한 이들은 역시 회란 개혁파 전통을 형성 시킨 화란의 개혁파 그리스도인들이고, 스코틀란드 장로교 전통을 형성한 스코틀란드 장로교인들이었습니다. 이들이 우리 개혁 신학의 선구자들일 뿐만 아니라 그 신학에 근거한 삶의 모든 영역에서의 활동에서도 모범을 보인 사람들이었습니다. 물론 회란 개혁파 성도들이나 스코틀란드 장로 교인들이 항상 제대로 해 온 것은 아닙니다. 그들도 하나님의 말씀과 개혁신학의 가르침에 충실한 때가 있었고, 성경과 개혁신학의 가르침에 충실하지 못한 때가 있었습니다. 우리들이 관심을 가지는 것은 성경과 개혁신학의 가르침에 충실한 시대의 전통 속에 있었던 사람들이 어떻게 정치적 영역에서도 하나님 백성 역할을 제대로 해 왔는가 하는 것입니다. (물론 역사적으로 어떤 때에 제대로 해 왔으며 어떤 때에 제대로 하지 못했는지 그 요인들이 무엇인지를 구체적으로 살피는 것은 역사가들에게 주어진 과제이고, 그 분들의 그 사역으로 우리들은 많은 것을 배우면서 우리가 해야 할 바를 가르침 받을 수 있을 것입니다.) 일단 우리들은 성경과 개혁신학적 가르침에 의하면 가장 이상적 상황에서 그리스도인들이 정치에 어떻게 참여해야 하는가 하는 것입니다.

첫째 원리는 교회 공동체에서 삶의 영역 전반에서의 그리스도인의 삶의 원리를 잘 가르침 받아야 한다는 것입니다. 교회 공동체는 정치 영역을 비롯한 삶의 영역 전반에서 그리스도인들이 수행해야 할 삶의 원칙을 가르쳐야 합니다. 성경이 가르치는 그 원리가 마음에 새겨지지 않으면 그리스도인들도 구체적인 삶의 영역의 문제에 대해서 각기 소견에 옳은 대로 하기 쉽기 때문입니다. 교회 공동체가 가르친 기독교적이고 기독교 세계관적인 삶의 원칙을 구체적으로 적용할 수 있을 정도로 교회 공동체는 제대로 가르쳐야 합니다. 구속에 근거한 감사에서의 헌신하는 삶이 어떻게 나타나야 하며, 그런 삶의 원리를 반대하는 이 세상 속에서 어떻게 실망하지 않고 끝까지 성경의 가르침을 실현 할 수 있을 지를 교회 공동체는 부지런히 가르쳐야 합니다. 구속 받은 성도의 하나님 백성으로서의 정체성을 확립하는 것이 교회 공동체 교육의 근본적 사명이라고 할 수 있습니다.

교회 공동체가 이런 하나님 나라 백성을 형성 시키는 교육 이외의 직접적인 정치적 표현을 할 수 있을 때는 너무 나도 심각하게 성경의 원리에 어긋나는 것을 온 세상에 강요하며 교회에 강요하는 정부 정책이 있을 때일 것입니다. 신사 참배를 요구하던 일본 제국주의 정책 같은 것이 그 대표적인 예가 되겠지요. 그럴 때는 교회 공동체가 교회 공동체의 이름으로라도

그리스도인의 정치 색깔

그런 정책이 옳지 않다고 선언하고 그에 따른 불이익을 기꺼이 감당할 수 있을 것입니다. 예배당 폐쇄, 따라서 한 동안 그 곳에서는 예배할 수 없음, 신체적 구금, 고문, 사형 등 모든 불이익을 감수하면서도 교회가 이런 문제에 대해서는 강하게 이것이 성경의 가르침에 어긋난다는 것을 천명해야 합니다.

그러나 그런 경우를 제외하고서는 항상 교회 공동체가 교회의 의견을 천명하고 하는 것은 이 세상에 교회 공동체가 마치 자신들의 이익을 주장하기 위한 이익 단체와 같은 인상을 주는 것이기에 주의해야 합니다. 교회 공동체는 이 세상의 모든 불의에 대해서 교회의 이름을 내 걸고 반대하는 등의 일을 하는 집단은 아니기 때문입니다. 신사 참배 주장에 대해서는 교회가 공식적으로 반대 했었어야 한다고 말한 바 있습니다. 그러나 한일 합방에 대해서 교회가 그러해야 한다고 하지는 않았습니다. 국가적으로 보면 한일합방이 더 큰 죄악입니다. 그것 때문에 신사참배 요구도 주어진 것이니 말입니다. 그러나 이 세상의 큰 악이 나타날 때마다 교회가 공식적인 입장을 천명한다는 것은 주께서 교회 공동체를 세우신 의도를 오해하는 것이 될 것입니다. 그래서 교회 공동체가 모든 문제에 대해서 우리들의 의견을 일일이 낸다는 것은 교회의 존재 의미를 오해하도록 하는 것이 되겠기에 주의해야 합니다. 그러므로 교회 공동체가 어떤 정권이나 정치가를 지지하고 하는 것은 있을 수 없는 일입니다. (후에 말하지만 그리스도인인 개인은 그렇게 할 수 있고, 또 그리해야 합니다. 그러나 교회 공동체가 그렇게 하면 안 됩니다. 교회 공동체는 직접적으로 정치적인 기관이 아니기 때문입니다). 그러므로 신사참배나 그와 같은 것에 해당하는 하나님의 말씀에 명백히 어긋나는 것에 대해서만 교회 공동체가 공식적인 의견을 표명하고, 주로는 성도들의 하나님 나라 백성 의식을 함양하는 교육에 힘써야 합니다.

둘째로, 그러나 그렇게 하나님 나라 백성으로 잘 교육받은 성도들은 자신이 속한 삶의 영역에서 일단 일반 시민으로서의 활동에 열심이어야 합니다. 사실 신 목사님의 이 책은 이 일을 중 정치 영역에서 우리가 어떻게 그리스도인답게 활동해야 하는 지를 잘 도와주기 위해서 쓰여 졌다고 할 수 있습니다. 이런 영역에서는 특별한 이유가 있을 때는 기독교적인 어떤 단체를 만들어 활동할 수도 있지만, 그렇지 않을 때는 특히 우리나라와 같이 근본적으로 다종교 문화적인 사회 속에서는 이 세상의 다양한 사람들과 같이 다양한 의견들 가운데서 우리들의 활동을 하는 것이 좋습니다. 그 속에서 건전한 시민으로 활동하면서 가장 바른 방향, 그리고 결과 적으로는 가장 덜 악한 것(less evil)을 선택해 가도록 하는 일에 힘을 쓰게 되는 것이지요. 우리들로서는 교회 공동체에서 가르침 받은 하나님 나라의 원리를 가지고 판단해서 그런 일을 하는 것입니다마는 믿지 않는 이 세상에 그 의견을 제시할 때는 공공선 개념이나 더 나은 것을 선택하도록 하는 방식으로 활동하게 될 것입니다. 그러므로 우리는 이 일에 힘쓰지만 이것에 목숨을 걸지는 않을 것입니다. 우리는 이 땅의 정치적인 발전을 위해 존재하는 사람들이 아니기 때문입니다. 그러나 관심 없이 있는다는 것은 아니고 그 누구보다도 바른 시민으로서의 활동에 힘쓰게 될 것입니다. 그것을 구체적으로 어떻게 하는 것일까에 관심 있으신 분들이 이 책을 읽어서 도움을 얻었으면 합니다.

셋째로, 우리들 가운데서 정치적 영역에로 하나님의 부르심을 받으신 분들은 삶 전체를 다 해서 정치적인 전문가로 나서야 합니다. 화란의 아브라함 카이퍼(Abraham Kuyper, 1837. 10. 29 ~ 1920. 11. 8)나 영국의 윌리엄 윌버포스(William Wilberforce, 1759. 8. 24 ~ 1833. 7. 29)가 그 대표적인 예가 되겠지요. 그들의 정치 활동의 내용을 살피면 이 세상 속에서 정치가로 활동하면서 명백한 기독교적 가치가 분명히 드러나는 것을 볼 수 있습니다. 그들은 다소간 기독교적인 색채가 있는 사회 속에서 살았기에 그럴 수 있었다고 말하는 것은 일면의 진리가 있지만 또 구체적으로 보면 우리가 무책임하기 위해 그렇게 말하는 것입니다. 그들도 점점 세속적이 되어 가는 사회 속에서 애를 써서 기독교적 가치를 기독교의 이름을 내세우지 않으면서 제시하고 실현 하려고 노력한 사람들입니다. 우리들 가운데 그런 정치인들이 드문 것을 아쉬워합니다. 우리들의 교회 공동체에서 정치적 영역에로 부름 받은 이들이 많이 나오지 못하는 것이 우리의 실력 없음을 입증해 주는 것입니다. 물론 국회의원들과 정치 지도자들의 종교 조사를 하면

"종교 없음" 다음으로 나오는 가장 많은 종교가 기독교입니다. 그러나 우리 주변에 윌버포스나 카이퍼 같은 진정한 기독교 정치인은 아직 잘 발견 되지 않는 것 같습니다. 그런 이들이 나와서 믿지 않는 분들조차도 그 인격이나 살아 온 행적이나, 특히 정책으로나 대한민국의 미래를 생각할 때나 이 분을 지지하지 않을 수 없다고 하는 날이 오기를 바랍니다. 혹시 이 책을 읽는 사람들 가운데 그런 정치 영역에로 소명을 받은 분들이 있어서 그런 분들이 될 수 있기를 원합니다.

마치자면 진정한 그리스도인들은 정치에 무관심하거나 정치를 무시하는 사람이 아니며 정치에 참여할지 말지를 고민 하는 사람일 수가 없습니다. 진정한 그리스도인들은 적극적으로 정치에 참여 하는 사람입니다. 그러나 우리는 하나님 나라를 위해 그리합니다. 적어도 우리의 동기와 의도에 있어서는 그러하다는 말입니다. 그러므로 우리는 정치를 위해 순교하거나 정치적인 아젠다를 위해 죽을 정도가 되지는 않습니다. 가장 적극적이면서도 우리들은 항상 하나님의 말씀과 뜻에 비교할 때 정치적 아젠다를 비롯한 모든 것을 상대적인 것으로 여기는 것입니다. 우리들은 그야말로 절대적인 것(하나님, 하나님의 뜻, 성경)과는 절대적인 관계를 그리고 상대적인 것과는 상대적인 관계를 맺고 사는 사람들이기 때문입니다. 그러니 상대적인 정치적인 영역에서도 우리는 하나님 나라 백성으로 최선을 다하는 것입니다. 신 목사님의 이 책을 통해서 이 땅의 그리스도인

그리스도인의 정치 색깔

들이 그렇게 하는 방식을 생각하고 고민할 수 있기를 바라면서 귀한 책의 발문을 붙여 봅니다.

다가오는 한국의 대선에서 가장 덜 악한 것을 제대로 선택할 수 있는 지혜를 주께서 이 땅의 모든 백성들에게 일반 은총으로 주시기를 기도하면서

이승구교수
(합동신학대학원대학교 조직신학 교수)

차례

1부

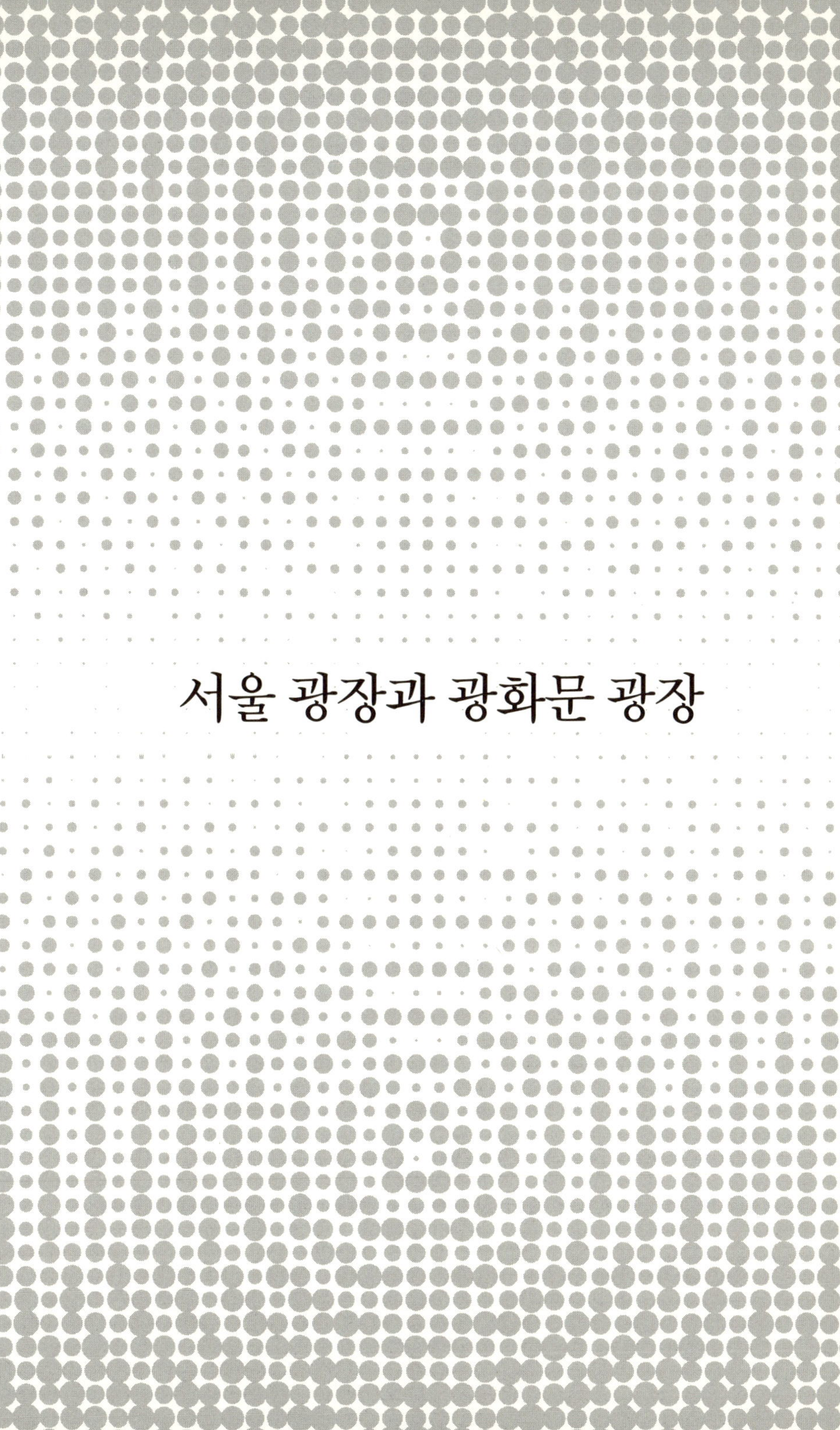

서울 광장과 광화문 광장

1장 | 해방 이후 한국 교회의 정치 참여

우리 시대의 시청 앞 서울 광장과 광화문 광장은 한국 사회의 현 주소를 잘 보여준다. 진보와 보수 진영이 분명하게 나뉘어서 한 쪽은 친미를, 다른 한 쪽은 반미를 외치는 모습을 볼 수 있다. 이러한 모습은 한국 사회에 형식적인 민주주의가 어느 정도 정착되었음을 의미한다. 그런데 이러한 형식적인 민주주의 모습은 다른 어떤 곳보다 기독교 사회에 큰 변화를 가져다주었다. 특별히 광화문으로 대변되는 진보적 기독교의 모습은 그리 달라진 것은 없지만, 시청 광장으로 대변되는 보수적 기독교의 모습은 놀라운 변화를 볼 수 있다. 불과 얼마 전만 해도 상상할 수 없는 일이다. 더구나 요즘은 보수적 기독교

그리스도인의 정치 색깔

가 더 많은 집회를 한다. 20년 전의 고민스러웠던 교회의 모습은 볼 수 없고 자연스럽게 대 정부 투쟁을 한다. 그런 의미에서 세계관 운동을 하였던 시대에 있어서 세월의 유수함을 느낀다.

이러한 측면에서 복음주의로 대변되는 대다수의 교회들이 이처럼 과격하게 사회 참여 및 정치 참여를 하는 것은 어디에 있는가? 사회 참여에 대하여 정교분리의 원칙을 내세우며 세속적인 일에 관여하지 말고 교회 일에나 열심 하라고 하였던 그 용감하였던 교회 지도자들이 이처럼 세속적인 일에 목숨 걸고 투쟁하는 이유는 어디에 있는가? 이에 대하여 한국 현대사의 흐름을 살펴보는 것은 매우 유익하다. 한국 교회의 정치 참여의 역사는 어떠하였는지 현대사의 현장에서 잠시 살펴보고 오늘의 시점에서 독특하게 활성화된 이유를 살펴보고자 한다.

1. 1950년–1989년까지의 한국 교회의 정치 형태

한국 역사 속에 존재하였던 한국 교회의 사회 참여에 대한 현대사는 어떠하였을까? 강인철 교수는 한국 교회의 사회 참여의 역사를 다음과 같이 정리하였다.

"50년대에는 교회 차원의 정치참여가 과도해서 말썽이 일어날 정도였습니다. 당시 선거 때면 한국기독교연합회(NCC), 교단, 그리고 개별 성직자 수준에서도 지나치게 정치에 개입하는 양상을 보였습니다. 개신교, 가톨릭 모두 그랬습니다. 교회 차

원에서 공식적으로 선거 운동조직을 만들었고, 선거자금을 제
공했으며, 교회 공식 기관지에 공공연히 선거 운동 내용을 실
었습니다. 그것이 너무 심하다보니 NCC나 교단 차원의 선거운
동을 하지 말자는 내부 논의가 있을 정도였습니다.

60년대에는 정치에서 물러나는 모습을 취하게 되었습니다.
물론 50년대에도 근본주의적인 성속 이원론에 의거해 정치와
관련을 맺지 않으려는 입장도 있었습니다. 주로 일제 말에 신
사참배를 거부해 고난 받았던 그룹이었습니다. 나중에 알려
진 이야기지만 고신파의 경우 60년대 말에야 고려신학교의 대
학인가를 받았습니다. 그 전에는 대학인가를 받는 과정 자체
가 국가의 간섭을 자초하는 위험이 있다는 정서가 있었기 때
문입니다.

70-80년대에는 새로운 형태의 정치참여가 이루어집니다.
NCC 가맹교단을 중심으로 민주화와 인권을 모토로 내건 정치
참여가 이루어졌고, 그런 정치참여를 '하느님의 선교' 신학으로
정당화했습니다. 반면 교단차원은 아니지만 실상 정교유착에
가까운 움직임인 '국가조찬기도회'도 나타났습니다. 사실 이 모
습이 기독교의 지배적 움직임이었습니다. 개신교 전체로 볼 때
훨씬 더 많은 신자들을 포함한 교단들이 그쪽으로 기울어져 있
었으니까요. 과도한 분리 입장은 이때도 여전히 남아있긴 했지
만 이전보다는 현격히 줄어들었습니다.

90년대는 70년대에 국가에 대해 저항적이고 진보적이었던
그룹은 탈정치화, 보수화의 양상을 보이고 있는 반면, 그 동

안 보수적 선택을 했던 그룹의 일부는 사회참여, 국가와의 창조적 긴장을 모색하는 것이 특징적입니다. 그렇다고 해서 이를 보수와 진보의 수렴으로 보기는 어렵다는 것이 제 생각입니다. 90년대로 들어서면서 상당히 다른 양상이 나타납니다. 우선 NCC의 탈정치화와 보수화가 진행되었습니다.[1] 김영삼 정부가 들어섰을 때는 개신교가 국가와 지나치게 유착한다는 비판도 들어야 했는데, 이것은 개신교의 보수화를 보여 주는 것이기도 합니다.

1989년 말 "한국기독교총연합회"가 보수교단 대부분을 묶어 내며 만들어지자 NCC는 상대적으로 왜소해졌고, 이후 양대 조직 간의 세 불리기 경쟁의 과정에서 순복음 교단을 받아들인 것입니다. NCC가 탈정치화, 보수화된 반면 1980년대 말 이후 보수교단 내에서는 신 복음주의라는 신학적 흐름과 함께 기독교윤리실천운동, 한국기독학생회(IVF), 한국기독교목회자협의회 등 여러 갈래의 사회참여 그룹들이 등장했습니다."[2]

강인철 교수의 정리에 의하면 한국 교회의 정치 참여는 대부분 진보적인 교회를 중심으로 이루어졌음을 볼 수 있다. 특별히 독재정권 시절에 대다수 대형교회들이 침묵을 하고 있었고 소수의 진보 교회들이 적극적으로 정치적 참여를 한 것을 볼 수 있다. 사실 오늘날 민주화의 열매에 대하여 다수의 한국 교회는 할 말이 없는 것이 사실이다.

오히려 대다수의 한국교회는 독재정권을 묵인하는 일에 동

1장 | 해방 이후 한국 교회의 정치 참여

참하였다. 당대의 가장 영향력 있었던 김준곤 목사도 유신을 인정하는 설교를 할 정도였다.[3] 또한 전두환 정권아래서는 국가조찬기도회라는 모습으로 전두환과 정권의 업적을 적극적으로 높였다. 한 쪽에서는 온갖 고문과 탄압으로 시름하고 있을 때 보수적 한국교회는 정교분리 원칙을 내세우면서 철저하게 정치참여를 배격하고 정권 유지를 위하여 외면하였던 것이다.

그렇게 교회 유지를 위하여 힘써왔던 한국 교회가 어느 순간부터 서울광장을 터 잡고 강력한 정치 집단으로 변모하기 시작하였다. 그리고 교인들을 동원하여 신앙을 가장한 정치 집회에 적극적으로 참여시켰다. 더 이상 정교분리는 강조하지 않고 성경과 역사는 정교분리를 말하지 않는다면서 정치의 일선에 나선 것이다. 또한 직접 기독당을 만들어서 선거에 임하고 있다. 세월이 무심할 정도로 변화된 모습을 볼 수 있다. 물론 정치참여가 잘못되었다는 것이 아니다. 하지만 이러한 돌연변이는 어디서부터 시작되었는지가 중요하다.

앞서 보았듯이 보수 교회가 이념적으로 좌파에 속하였다고 생각하는 정부의 출현과 민주주의의 깃발 아래서 정치적 열심을 내고 있음을 볼 수 있었다. 그런데 여기서 눈 여겨 볼 것은 이러한 변화가 바로 1980년 후반, 정확하게 말한다면 1987년 민주화 항쟁의 여파 속에서 싹이 나왔다는 것이다. 1987년 민주화 운동이 가져다 준 선물 가운데 하나가 아이러니하게도 보수 교회의 정치적 참여라는 사실이다. 이 부분에 대하여 2장에서 언급 하겠다. 이것은 한편으로는 당연한 일이나 다른 한

그리스도인의 정치 색깔

편으로는 왜곡된 정치를 가져 왔다. 이렇듯 1987년 이후의 한국 교회는 새로운 정권의 출범과 함께 정치권과의 긴밀한 동거를 시작하였다.

2. 1990년 이후의 한국 교회의 정치적 변화[4]

한국교회의 새로운 정치운동은 김영삼 정권의 출범부터 감지되었다. 기독교 장로의 직분으로 대통령이 되었으며, 더구나 3당 합당으로 이루어진 정치적 대통령이었던 김영삼 정권은 기독교인들에게 대단한 희망을 주었다. 비록 그 희망은 기대했던 것만큼 쓰라린 아픔을 경험하였지만 그래도 기독인들의 정치적 참여에 대한 인식을 넓히기에 충분하였다. 이전과는 달리 보수적 교회의 정치참여는 더욱 적극적이 되었다. 그리고 김대중 정권과 노무현 정권을 계기로 더 극렬하게 타올랐다.

1990년 이후의 한국 교회의 정치적 변화의 가장 큰 특징은 대형교회를 중심으로 이루어졌다는 것에 있다. 80-90년 이후의 대다수의 대형교회들이 목사의 카리스마에 의존하여 급속하게 성장하였다. 이들의 영향력은 참으로 대단하다. 대형교회에 대한 성도들의 입장도 분명하다. 교회는 하나님의 인정하심이 아니면 결코 성장 할 수 없다고 생각한다. 그리고 교회 성장은 목사의 영향력에 달려있다고 확신하였다. 그러므로 목사의 권위에 도전하는 것은 거의 불가능하였다. 더구나 목사의 권위에 도전하면 하나님의 징계가 임할 것이라는 가르침은 더욱더 성도들로 하여금 순종하게 한 것이다.

이렇게 성장한 대형교회들은 엄청난 권력과 물질과 정보력을 가지게 되었다. 이것은 교회로 하여금 세상 권력에 대하여 도전 할 수 있는 힘을 가지게 한 것이다. 사실 박정희 정권 시절에는 한국 교회는 힘이 없었다. 대형교회는 보이지 않았으며 대부분 작은 교회였다. 함부로 말할 수 있는 민주적 토양이 없었던 것이다. 그러므로 정권의 힘에 주눅 들고 침묵 할 수 밖에 없었다. 그런데 90년대를 거치면서 급속한 성장을 이루었고 마침내 경제적인 권력을 가질 수 있게 된 것이다. 그리고 IMF 이후의 많은 작은 교회들이 먹이 사슬처럼 대형교회의 도움을 받게 되었다. 이것은 보이지 않는 강력한 체인이 되었다. 그러다 보니 대형교회가 기침을 하면 작은 교회들이 숨을 죽이는 형국이 된 것이다. 거기에 대형교회들의 지교회로의 확장은 교회의 막강한 권력을 집중하게 된 것이다.

이러한 상황은 상당수의 정치인들이 교회의 눈치를 보도록 만들었다. 정치인들이 대형교회를 불편하게 하면 그 지역에서 당선되기가 어렵게 된 것이다. 이렇게 막강한 권력을 소유한 대형교회는 드디어 자신의 신앙과 이익에 걸림돌이 되는 정권에 저항하게 된 것이다. 이것은 1989년 이전의 상황과 전혀 다른 것이다.

90년 이후의 한국 교회가 분명히 다른 지위를 획득한 것은 사실이다. 누구도 넘볼 수 없는 강력한 권력과 정치 카르텔을 형성하였다. 그렇다면 이렇게 강력한 힘을 가지게 된 한국 교

그리스도인의 정치 색깔

회가 정치 참여에 열심을 내게 된 이유는 무엇일까? 도대체 보수적인 한국 교회에 무슨 일이 일어난 것일까? 다음 장에서 이 문제에 대하여 그 이유를 살펴 볼 것이다. 과연 한국 교회는 잘하고 있는 것일까?

2장 | 보수 기독교의 변신

보수적 기독교 혹은 복음주의 단체가 적극적인 대정부 투쟁과 정치 참여 그리고 소극적인 사회 참여인 복지 사역에 열심을 내고 있는 이유는 무엇일까? 어떠한 상황이 적극적인 사회 참여의 길로 전진하게 하였을까? 이 문제를 종교 사회적인 측면에서 살펴보고자 한다. 그렇기 때문에 논쟁의 여지를 인정할 수밖에 없다. 하지만 보수적 교회의 사회 참여가 다음의 사실에서 자유롭지 않은 것 또한 사실임을 감안하며 살펴 볼 수 있길 바란다.

1. 형식적 민주주의 선물

독재 정권 시절에 정교 분리의 원칙을 강하게 주장하였던 교회가 당당하게 세상으로 나올 수 있었던 것은 교회 내부의 개혁 때문이 아니다. 그것은 군사정권이 사라진 후에 나타난 민주주의 선물이다. 이러한 민주주의가 교회로 하여금 세상으로 나오는 것에 대한 두려움을 없애 주었다. 숨죽여 살았던 교회가 이제는 성경이 사회참여를 말하고 있다고 떠들 수 있었던 것은 성경 신학의 새로운 발견 때문이 아니라 정치의 민주화 때문임을 부인 할 수 없다.

정치적 민주화의 열매는 1987년 6월 혁명에 기인한다. 전두환 정권이 추구하였던 호헌이 철폐되고 대통령을 직선으로 뽑는 직접민주주의 체제가 들어 선 것이다. 이로 인하여 독재의 그늘에서 드디어 민주화의 해가 선명하게 떠오른 것이다. 직접 민주주의는 누구든지 정치적 발언을 할 수 있는 기회를 주었다. 이것을 계기로 기독교윤리실천운동이라는 최초의 시민운동도 태동되었으며, 교회에서 정치적 문제에 대하여 말을 할 수 있는 토대가 되었다. 하지만 민주화의 열망이 너무나 컸기에 그 결실의 시간은 길 수 밖에 없었다. 형식적인 민주주의는 이루었지만 절차적 민주주의의 완결까지는 아직 갈 길이 남았다. 국가의 권력은 여전히 강력하였고, 자유로운 정치적 표현은 제약을 받고 있다. 그리고 아직까지도 색깔론에 벗어나지 못하고 있다.

그러므로 우리시대의 민주화가 아직 완성되지 않았다는 평가는 부인할 수 없는 사실이다. 하지만 분명한 사실은 형식적 민주화는 우리 가까이에 왔으며 정보화 시대에 이르면서 그 열매는 급속하게 확장되었다. 하지만 87년 체제를 통하여 들어온 형식적 민주화의 물꼬은 마르지 않았다. 아직은 빈약하지만 교회로 하여금 세상을 바라보게 한 것이다.

2. 국민의 정부와 참여정부의 이념성

형식적 민주화가 가져다 준 선물은 그리스도인으로 하여금 광장으로 나올 수 있게 하였다. 참으로 재미있는 사실은 보수 그리스도인의 적극적인 사회참여가 형식적 민주화를 만들어 주었던 국민의 정부와 참여 정부의 이념 때문이었다. 참여정부는 보수 기독교인들의 저항에 곳곳에서 충돌하였다.

결국 진보 좌파의 이념을 가지고 있는 정부에 대한 반감이 광장으로 나오게 한 것이다. 특별히 친미적 이념의 기치를 가지고 있는 보수 교회로서는 반미가 곧 친 공산주의로 인식되었다. 그런데 참여정부에 들어서서 대미 관계가 약해지자, 이로 인하여 교회가 친미 전선에 들어서고 온갖 반공적인 용어를 사용하며 투쟁의 전선에 나선 것이다. 대부분의 보수적 교회 지도자들은 현 시국이 위기이며 곧 멸망하여 공산화가 될 수 있다고 생각한다. 이러한 이념이 참여의 광장으로 나오게 한 것이다.[5]

그리스도인의 정치 색깔

3. 이명박 정부의 성공을 통한 정치적 보상

잃어버린 10년을 회복하겠다는 구호로 당선된 이명박 정부는 보수 세력의 영광이었다. 게다가 기독교 장로라는 이력은 더욱더 보수적인 교회들을 하나로 뭉치게 하였다. 이명박 장로가 하나님이 보내신 다윗과 같은 대통령이라는 환상은 보수 교회로 하여금 이명박 정부를 탄생시키는데 적극적인 참여를 하게 하였다.

더구나 이명박 정부는 참여정부의 부동산정책 실패와 경제적 어려움에 대한 국민들의 원망을 해결하는 경제 대통령이 되겠다고 공언하였다. 하지만 이명박 정부는 경제적 문제는 고사하고 임기 내내 정치적 소용돌이에 빠졌다. 대북 정책에 있어서도 진척이 전혀 없었다. 이산가족 상봉이나, 개성공단의 활성화, 금강산 관광 등 모든 면에서 회복은 이루어지지 않고 단절되었다. 그리고 민간인의 인도적 대북 지원도 미미하였다. 오히려 천안함 사건, 백령도 포격 사건으로 인하여 전쟁의 불안함이 높아지기도 하였다. 임기 말이 되는 시점까지 대북 문제에 있어서 어떠한 진전도 이루어지지 않고 있다. 여기에 국제적인 금융위기로 인하여 747공약은 공허한 메아리가 되었다. 아무리 하고 싶어도 할 수 없는 상황이 다가 온 것이다. 경제 대통령을 기대하였던 국민은 전세대란과 하우스 푸어와 같은 경제적 어려움에 직면하게 된 것이다. 또한 반값 등록금 공약을 기대하였던 대학생들의 실망은 더욱 커졌다. 이러한 현실 앞에 이전 정부와 동일하게 형제와 측근들의 비리는 계속 되었다.

그러나 이명박 정부를 출범시킨 보수교회의 세력은 이명박 정부의 실패는 곧 교회의 위기라고 생각하였기 때문에 임기 내내 더욱 적극적으로 정치적 소리를 내었다. 성공한 대통령이 될 때 자신들의 정치적 참여가 보상받을 수 있다는 생각이 강하게 지배한 것이다. 결국 악어와 악어새의 관계처럼 보수 교회들은 정치의 현장에 자연스럽게 참여한 것이다.

4. 기득권의 상실

그러나 좀 더 실질적인 것은 독재 정권 시절에 누렸던 기득 권이 상실되고 있음을 느끼는 것이 아닐까 생각한다. 독재 정권 시절, 정권에 대하여 아무 말도 하지 않고 오히려 독재 정권을 비호하였던 교회는 정권으로부터 상대적으로 많은 혜택을 받았다. 대표적인 것이 사학과 교회가 가지고 있는 많은 혜택이다. 그러나 참여정부에 들어서는 이러한 기득권에 문제가 생긴 것이다. 정부가 교회가 가지고 있는 혜택에 대하여 단지를 걸기 시작하였다. 교회와 목회자의 세금을 압박하고 있다. 또한 사학법 개정은[6] 종교 사학에 대한 탄압으로 여겨졌다. 더구나 그 동안 정권의 많은 도움을 받았던 상황에서 앞으로 자신들의 권리에 제약을 받을 것이라는 위기감을 갖게 하기에 충분하였다. 이에 대한 최형묵의 지적이다.

"진보개혁진영이 정치에 직접 참여하자, 권력을 두고 진보 ·
보수 양 진영 간에 일종의 경합 또는 경쟁이 벌어지고 있다. 과
거에는 독재 권력을 지지한 대가로 보수 교회가 권력과 뒷거래
를 했다. 하지만, 민주화 이후 그 거래 루트가 차단되자, 그동
안 진보 교회의 반정부 투쟁을 비난해 왔던 보수 교회가 오히
려 거리에 적극적으로 나서는 상황이다. 그렇지 않아도 민주화
로 마음이 불편한데, 진보진영이 정권을 잡고 그 일부 인사가
정치권에까지 진입하니까 아무래도 박탈감이 더 심했을 것이
다. 자신들은 뒷거래밖에 하지 않았는데 진보는 앞거래까지 하
니, 배가 아프지 않을 수 없는 것이다."[7]

이것이 일반적인 이해라고 생각한다. 더구나 사회적 투명성
이 점점 견고해 지면서 한 동안 누렸던 교회의 기득권에 대한
위기의식이 결국은 투쟁의 자리로 나오게 된 것이다.

5. 교회 영향력의 위기

이제 소극적인 측면에서 교회의 사회 참여를 생각해 보고자
한다. 앞에서는 교회가 정치적 참여를 하게 된 이유를 살펴보
았다. 이번에는 복지의 관점에서 사회 참여를 말하고자 한다.
한국 교회는 70-80년대를 거치면서 크게 성장을 하였다. 산업
화 시대의 교회는 기복신앙을 강조하였다. 모두들 경제적 어려
움에서 벗어나고자 하는 열망이 가득하였기에 기복적 신앙은

매우 절실하게 다가왔다. 상당수의 교회는 성경적 신앙보다는 기복신앙을 중심으로 성장하였다. 더구나 기복신앙은 한국적 상황과 심성에 잘 맞았기에 성도들은 적극적이었다.

한국 사회의 산업화는 일정 정도의 성공을 거두었고, 더불어 기복신앙도 더욱 맹위를 떨치었다. 이러한 변화 속에 교회는 각종 부흥회를 통하여 성장을 추구하였다. "축복 대 성회"라는 이름의 부흥회는 70-80년대 한국 교회의 특징이었다. 그런데 흥미 있는 것은 부흥회의 주요 주제가 "축복과 성장, 그리고 교회 건축"이었다. 특별히 교회 건축은 하나님이 주신 최고의 복으로 강조 되었다. 80년대 들어와서 교회 건축은 붐을 이루었다. 곳곳에 교회들은 세련된 모습으로 세워지기 시작하였다. 그러나 그것은 끝이 아니었다. 교회 건축 후에 교육관을 건축하고, 교육관 건축이 끝나면 기도원을 건축하였다. 그리고 여력이 되는 교회는 묘지도 구입하였다. 이것은 90년대 초까지 계속되었다.

이러는 동안 교회는 외부로 시선을 돌릴 수 없었다. 교회 내적인 영역확장에 온 힘을 쏟고 있었기 때문이다. 1987년에 조사된 통계는 이러한 사실을 잘 보여주고 있다. 비기독교 학생들에게 기독교가 한국 사회에 미친 영향이 어떠냐는 질문에 65.7%는 과거에는 기여했지만 현재는 역기능 및 미흡이라고 대답하였다. 또한 한국 교회가 안고 있는 가장 심각한 점은 무엇이라는 답변에 57.4%가 대형화를 지양하는 양적 팽창주의, 21.4%가 기복신앙이라고 대답하였다.[8]

그리스도인의 정치 색깔

이러한 통계는 20여년이 흐른 시점에 한국 교회에 슬픈 현실이 되었다. 2010년에 기윤실이 조사한 한국 교회 신뢰도 조사에서 응답자 중 17.6%만이 한국 교회를 신뢰한다고 대답하였다. 그리고 호감 가는 종교에 대한 질문에서 기독교는 천주교, 불교에 이어서 세번째였다.[9] 그리고 학원 복음화 협의회가 조사한 "2012 한국 대학생의 의식과 생활에 대한 조사 연구 결과"를 보면 대학생 가운데 무종교는 66.7%로 기독교는 17.2%로 나왔다. 또한 무종교인 대학생 가운데 교회 다닌 경험이 있는 학생이 13.7%밖에 안되었다.[10]

80년대 한국 교회를 불신하였던 시대들이 50대가 된 시점에 그들의 자녀들은 더 이상 교회를 경험하지 못한 현실이 된 것이다. 이것은 교회가 산업화를 거치면서 단기간 성장을 하였지만 대 사회적 영향력은 점점 약해지고 있음을 보여준다. 결국 교회의 외적인 평창도 90년대 후반에서 들면서부터 정체하기 시작하였다. 그리고 점점 하락하는 추세에 있다.

물론 일부 대형교회들은 성장하는 곳도 있지만 상당수의 작은 교회들은 존재 자체가 어려운 시대를 맞이하고 있다. 결국 이러한 변화에 직면한 21세기의 교회들은 눈을 돌려 지역과 사회를 향하게 되었다. 개 교회 중심에서 벗어나 지역을 섬기고 사회봉사에 좀 더 적극적으로 나선 것이다. 교회는 실추된 영향력을 회복하고, 성장을 가로막는 원인 가운데 하나였던 사회적 참여에 눈을 돌리기 시작하였다. 여기에는 교회의 본질을 회복하고 성경적인 교회, 건강한 교회를 세우려는 회복운동도 있지만 한편에서는 교회 성장의 수단으로 사회참여가 교회 안으로 들어 온 것이다.

사실 통계적으로 본다면 사회 참여에 대한 교회의 역할은 모든 종교와 사회단체에 비하면 높은 수준에 있다.[11] 그 이유는 한국 교회의 초기의 역사는 철저하게 사회적인 약자를 돕는 사역을 바탕으로 세워졌기 때문이다. 병원, 학교 그리고 계몽 운동 등 교회는 이러한 일에 열심을 내었으나, 아주 오랫동안 개인주의와 내세주의에 빠져 버리고 만 것이다. 결국 한국 기독교의 장점을 상실한 것이다. 이러한 모습이 교회의 변질로 내비치었고 결국 정체와 감소라는 위기를 가져 온 것이다.

그리고 정신을 차린 교회는 다시금 하나님 나라의 영향력을 되찾기 위하여 잃어버린 사역을 회복하기에 이른 것이다. 이것은 정치 참여와 일정정도 거리가 있는 모습이지만 한국 교회의 새로운 변화라고 할 수 있다. 사회적인 일에는 큰 관심이 없었던 교회와 그리스도인들이 적극적으로 사회의 일원으로서 발언도 하고 참여도 함으로 자연스럽게 정치적인 영향력도 발휘하게 되었다.

더구나 젊은 세대들의 불만은 교회에 압박이 되었다. 점점 사회 참여에 성경적 관점을 가지고 균형있게 사역하는 교회로의 이동이 일어났고, 선교단체 안에서도 사회참여에 대한 대토론이 이루어졌다. 결국 교회들은 이러한 변화된 상황과 교회의 침체로 말미암아 사회 참여에 대하여 문을 열기 시작 하였다. 물론 전통적인 교회의 변화는 느렸지만 교회는 점점 변화되었다. 철통같았던 교회 본당도 개방되고, 교회 공간을 외부에 개방하는데 주저하지 않았다. 그리고 사회참여에 적극적인 성도들이 영향력을 나타내기 시작하였다. 사실 그 의도는 아쉬운 부분이 있지만 그러나 바른 방향으로의 전환이 이루어진 것이다.

6. 신학적 성숙

이것 역시 논의 대상이 될 수 있으나 오늘의 시점에서 복음적 교회와 그리스도인의 사회적 참여가 활발할 수 있는 것은 신학적인 측면에서 성숙하였기 때문이다. 보수적인 신학의 본래 의미가 상실되고 분리주의적이며, 개인구원과 내세적 신앙을 강조하였던 것들이 제 자리를 잡았음을 의미한다. 이러한 사실은 보수적 한국 교회에 영향을 주었던 그레헴 메이첸의 『기독교와 자유주의』에서 볼 수 있다. "기독교가 개인적이라 해서, 단지 개인적인 것에만 고취되지 않는다. 그것은 인간의 사회적 요구에 충분하게 응한다."[12] 또한 내세론에 관하여 아주 분명하게 말한다. "기독교의 내세론은 결단코 현세의 싸움으로부터 퇴각을 의미하지 않는다. 우리 주님은 자신의 심각한 사명을 띠고 바로 인생의 혼란과 분규의 한가운데서 사셨다. 따라서 확실히 그리스도인은 세상의 업무로부터 퇴각하여 문제를 단순화 할 수 없다. 반대로 그는 현대 산업생활의 복잡한 여러 문제들마저 예수님의 원리를 응용하는 방식을 배워야 한다."[13] 메이첸은 분리주의자요 근본주의자로 매도당하고 있지만 그리스도인의 정치 참여와 사회적 연합에 부정적이지 않고 긍정적인 것을 볼 수 있다.

하지만 한국교회에는 이러한 사실들이 잘 가르쳐지지 않았다. 그러므로 신학적으로 견고하였음에도 실제 성도들의 생활에는 영향을 미치지 못하였던 것이 사실이었다. 그런데 90년 이후에 개혁파적인 신학이 신학교를 넘어서 성도들에게도 알려지게 되었다. 90년 이후에 쏟아져 나온 많은 책들은 성도들의 신앙을 돌아보게 하였고 교회의 역사 속에서 그리스도인들의 사회 참여의 모습을 확인하였다. 이러한 독서와 훈련은 사회에 대하여 균형 잡힌 인식을 가지게 하였다.

그 가운데 대표적인 운동이 바로 "기독교 세계관" 운동이었다. 기독교 세계관은 잠자던 젊은 그리스도인들을 깨우는 촉매제 역할을 하였다. 그런데 기독교 세계관 운동을 주도한 신학은 사실 철저한 개혁파 신학이었다. 이러한 운동의 밑바탕 가운데 세워진 단체가 바로 기독교윤리실천운동이며, 라브리 사역이었다. 기독교 세계관 운동은 교회가 알려주지 않았던 삶의 다양한 영역을 보게 하였고, 마침내 정치적인 영역에 하나님의 주권을 나타내자는 운동으로 나간 것이다.

특별히 종교개혁자들의 삶과 그의 후예들인 청교도에 대하여 바르게 알게 됨으로 그리스도인의 사회참여는 성경의 가르침에 충실한 것임을 깨닫게 된 것이다. 신학이 성도들의 삶의 현장에 알려짐으로 성도 스스로 자각을 할 수 있게 되었고, 분

그리스도인의 정치 색깔

별할 수 있는 능력을 소유하게 되었다. 이것은 기복주의 신앙
에 물들어 있었던 이전 세대와는 전혀 다른 현상을 가져오게
한 것이다. 결국 신학적 성숙은 성도의 건강한 신앙을 가져왔
으며, 성경의 눈으로 사회를 바라보고, 삶의 모든 영역에서 하
나님의 주권을 선포하는 일에 적극적 참여를 하게 만들었다.
그러나 아직도 갈 길은 멀어 보인다.

3장 | 모든 영역에 하나님의 주권을 선포하라

앞서서 광장에 오기까지의 길을 살펴보았다. 그리고 이제 원하던 원하지 않던 우리는 광장을 피할 수 없다. 지금 우리는 서울 광장과 광화문 광장을 마주하고 있다. 우리 시대의 상징적인 두 광장 사이에서 교회가 존재하고 있다. 그리고 익명의 모습으로 두 광장 사이를 왕래하고 있다. 많은 시간이 흘렀음에도 불구하고 여전히 광장에서 서성거리고 있음을 본다. 광장을 어떻게 맞이하느냐에 따라 기독교의 모습은 많은 변화를 겪을 것이다.

그리스도인의 정치 색깔

1. 우리를 부르신 하나님의 소명

지금 한국교회는 급격한 변화를 체험하고 있다. 이전 시대와 같이 일방통행식의 신앙이 불가능하기 때문이다. 폐쇄 문화와 군사 문화로 대변되는 시대에 살았던 시대의 신앙의 모습으로는 급격한 변화를 주도할 수 없다. 광장 시대에 걸 맞는 준비를 가지고 있어야 한다. 그런 측면에서 쉐퍼의 정직한 질문에 정직한 답변이라는 정신은 우리 시대와 너무나 잘 맞는다고 할 수 있다. 어찌 되었든 지금 한국 교회는 새로운 변화를 이끌어 갈 수 있는 동력을 만들어야 한다. 그런데 현실은 매우 위태롭다. 그것은 현재 한국 교회를 이끌고 있는 50대 이후의 상당수 지도자들은 광장문화를 경험하지 못한 세대이기 때문이다. 오히려 이 세대는 광장에 모이는 것을 불량한 것으로 보았다. 일명 날라리들이 모이는 곳이 광장이었기 때문이다. 예를 들자면 롤러장과 고고장으로 대표되는 광장은 기성세대들에게 그렇게 비칠 수 있었다. 그러나 지금은 전혀 다른 모습을 가지고 있다. 가족이 함께 모이는 곳이 광장이 되었고, 삶의 문제를 나누고 토론하는 곳이 광장이 되었다.

지금의 광장은 모든 정보가 소통되는 곳이다. 비록 그 정보의 진위는 알 수 없지만 중요한 것은 수없이 많은 정보가 흘러가고 있다. 그러므로 교회의 문제를 숨기는 것이 불가능하다. 숨기면 숨길수록 더욱 불의함이 재생산되는 시대이다. 차라리 광장으로 이야기를 가져와야 한다. 그리고 광장에서 이 문제를 정직하게 나누는 것이 더욱 중요하다. 그래서 최근에 다시 소리를 높이는 것이 바로 공적 신학이다. 공적 신학은 광장 문화 세대에 합당한 변증이 될 수 있다. 물론 공적 신학은 새로운 신학이 아니다. 이것은 삶의 모든 영역에 하나님의 주권을 실현하는 신학이다. 이미 종교 개혁가들이 외쳤고 화란의 개혁파들에 의하여 강력하게 추구하였던 신학이다.

오늘날 교회는 광장의 문화를 가지고 있는 세대들과 함께 숨쉬고 있다. 교회가 광장이라는 공간에 정직하고, 투명하게 자신의 것을 내어 놓지 않는다면 교회는 공허한 사막이 될 수 있다. 이것이 광장문화 시대에 처해있는 교회의 모습이다.

이러한 광장의 기로에서 우리가 우선적으로 준비할 일은 무엇일까? 그것은 삶의 모든 영역에 하나님의 주권을 회복하는 일이다. 삶의 모든 영역이 바로 하나님의 나라이다. 하나님의 주권이 선포되어져야 한다. 그 동안 금기시 되거나 회피하였던 정치의 영역에도 하나님의 주권이 강력하게 선포되어야 한다. 더 이상 침묵하는 존재가 되어서는 안 된다. 더 이상 권력에 휘둘려서는 안 된다. 하나님의 주권이 모든 것의 우선임을 우리의 삶을 통하여 보여 주어야 한다. 불의함에 대하여 항거를, 정직함에 대하여 박수를, 실수함에 대하여 격려를, 회개함에 대하여 포용하여야 한다. 이러한 적극적인 자세가 우리 시대에 필요하다.

지금 한국 교회를 향해서 세속화의 물결이 무섭게 달려오고 있다. 물질과 물량주의 그리고 성공주의가 교회를 휘감고 있

그리스도인의 정치 색깔

다. 이것은 새로운 기복주의 신앙이다. 이러한 모습으로는 거룩하신 하나님의 영광을 나타낼 수가 없다. 광장은 교회의 위기가 아니라 기회다. 하나님의 거룩함을 분명하게 드러낼 수 있으면서 당당하게 진리의 외침을 보여 줄 수 있기 때문이다. 오히려 왜곡되게 보여 졌던 교회의 아름다움을 광장의 한 복판에서 증거 할 수 있는 기회다.

광장은 교회를 회복할 수 있는 좋은 기회이다. 이미 광장에는 많은 논의들이 오고 가고 있다. 광장을 가볍게 여기거나 회피한다면 교회는 더욱 더 큰 위기를 맞이할 것이다. 광장은 하나님의 살아계심을 증거 하는 최전선이다. 이 광장을 적극적 사용하였던 이가 바로 사도 바울이다. 그는 아테네 광장에서 당대의 주제를 회피하지 않고 담대하게 맞이하였다. 그리고 복음의 위대성을 증거하였다.(행 17:16-34) 아테네의 광장에서 바울은 도망치지 않았다. 오히려 당당하게 맞섰다.

"바울이 아레오바고 가운데 서서 말하되 아덴 사람들아 너희를 보니 범사에 종교성이 많도다"(행 17:22)

우리도 도망쳐서는 안 된다. 오히려 광장을 선점해야 한다. 광장은 하나님의 선하신 뜻이 펼쳐 질 수 있는 공간이다. 광장의 한 복판에서 담대하게 하나님의 주권을 선포할 수 있어야 한다. 이것이 오늘 우리를 부르신 하나님의 소명이다.

2. 어떻게 참여할 것인가?

광장에 서서 내일을 바라보는 우리의 입장은 매우 중요하다. 이미 한국 교회는 정치의 광장에 깊숙이 참여하고 있다. 이전과 다르게 참여하여야 하느냐, 하지 말아야 하느냐는 의미 없는 것이 되었다. 이제는 어떻게 참여하여야 하는지가 중요한 시점이 되었다. 그리스도인의 정치참여는 좀 더 개방적이고 투명한 자세를 요구하며, 바른 분별이 요구된다. 이러한 관점에서 볼 때 적어도 그리스도인의 정치적 자세는 매우 중요하다. **첫째로 그리스도인들이 성경의 가르침에 풍성하여야 한다.** 성경이 무엇을 가르치고 있는지 진지하게 살피는 것이 필요하다. 성경을 그리스도인의 참여의 기준으로 삼아야 한다. 그렇지 않으면 세속정치인의 이기주의처럼 탈선하고 만다. 사람들은 누구든지 자신의 세계관에 따라 행동한다. 이것을 부정할 사람은 아무도 없을 것이다.

그렇다면 그리스도인의 세계관은 무엇인가? 바로 성경적 세계관이다. 성경의 눈으로 세상을 바라보고 이해하고 해석하는 일이 있어야 한다. 그렇지 않으면 변별력이 없다. 성경이 가르치는 보편적인 관점과 신학적인 관점을 바르게 이해하는 것이 중요하다. 그래서 성경의 가르침이 중요하다. 그리스도인이 정치의 현장에 참여하는 가치는 바로 성경의 가치이다. 성경이 무엇이라 말하는지 바라보고 분별하는 것이 그 시작이다. 그래서 그리스도인의 정치적 가치가 무엇이냐 물을 때 우리는 확고하게 성경적 가치라고 답해야 한다. 이것이 정치 참여의 시작이며 마지막이다.

둘째는 정치에 대한 정직한 질문을 가지고 있어야 한다. 종교적, 혈연적, 지역과 학연의 관점에서 묻지마 동의를 해서는 안 된다. 정치는 하나님의 뜻이 삶의 현장에서 실천되는 일이다. 그러므로 정직한 질문을 통하여 바른 분별의 자리에 서야 한다. 그리스도인은 비판의 자세가 아니라 분별의 자세로 참여하여야 한다. 분별이 없으면 공멸하게 된다.

특별히 정치에 대한 정직한 질문을 가지려면 역사에 대한 바른 이해를 가지고 있어야 한다. 역사는 지나간 현실이다. 역사를 통하여 현실을 읽을 수 있어야 한다. 그런데 역사를 말할 때 단지 현실의 역사만을 말하는 것은 아니다. 교회의 역사를 아는 것이 중요하다. 교회가 걸어 온 길과 세상이 걸어 온 길을 균형 있게 아는 일은 중요하다. 그래야 정직한 질문을 가질 수 있다. 물론 충분히 삶의 현장의 이야기를 통하여도 가질 수 있다. 그러나 풍성하지는 못하다. 그런 의미에서 좀 더 수고가 필요하다.

셋째는 선지자적 현실주의자가 되어야 한다. 그리스도인의 삶은 세상을 떠나지 않는다. 그리스도인은 세상에 보내진 자이며, 세상에서 삶을 살지만 세상에 속하지 않은 존재이다. 그리스도인에게 세상은 하나님의 뜻을 세우며 변혁시키는 시공간이다. 그러므로 세상에 관심 없다는 것은 하나님의 명령에 불복종하는 것이며 실제로는 거짓말하는 것이다. 우리는 세상에 살기에 세상 일에 관심이 없을 수 없다. 다만 내세우지 않을 뿐이다. 하지만 이것은 그리 건강한 것은 아니다. 그리스도인은 현실주의자가 되어야 한다. 그것도 선지자의 소명을 가진 현실주의자가 되어야 한다. 정치의 현장을 진지하게 살펴보고 선지자의 심정으로 참여하여야 한다. 현장을 조금이라도 안다면 그는 큰 자산을 가진 것이다. 그리스도인은 현실에서 현실을 바라보며 현실을 변혁시키는 자이다.

넷째는 정치 참여는 지혜가 필요하다. 그리스도인의 정치적 참여와 교회의 정치적 참여는 구분하여야 한다. 교회는 다양한 가치를 가진 이들이 모인 곳이다. 또한 성숙한 사람도 있고, 미성숙한 사람도 있다. 그러므로 교회가 정치적 자세를 취하는 것은 바람직하지 않다. 교회는 현실적 정치가 아니라 지역 섬김의 참여에 머물러야 한다. 즉 지역을 위한 구제의 역할에 머무는 것이 합당하다.

그러나 그리스도인 개개인은 다르다. 그리스도인은 사회의 한 일원으로 책임이 있다. 그러기에 적극적인 자세가 필요하다. 그렇다고 모두가 다 현실 정치인이 되라는 것은 아니다. 정치적 소명이 있다면 적극적인 정치의 장으로 가야한다. 그러나 이전에 우리는 정치적 지혜를 가져야 한다. 앞으로 이 문제에 있어서 논의하게 될 것이다. 정치적 참여에는 지혜가 필요하다. 그런데 지혜는 저절로 주어지지 않는다. 학습과 경험으로 주어진다. 개별적으로 학습을 가지지 않고 언론만을 통하여 얻게 되는 지식은 매우 위험하다. 언론에 보도된 기사는 사실

이외에 기자와 편집자의 세계관이 반영되어 있다. 그러므로 이러한 것을 인식하고 언론의 행간을 잘 분별할 수 있어야 한다. 이것이 지혜이다. 그래야 군중심리에 빠지지 않고 냉철하게 판단할 수 있다. 동시에 시간이 주어질 때 삶의 현장에 참여하는 것도 매우 중요하다. 이것은 지혜를 얻는 빠른 길이 된다. 정치 참여는 이러한 지혜가 필요하다.

2부

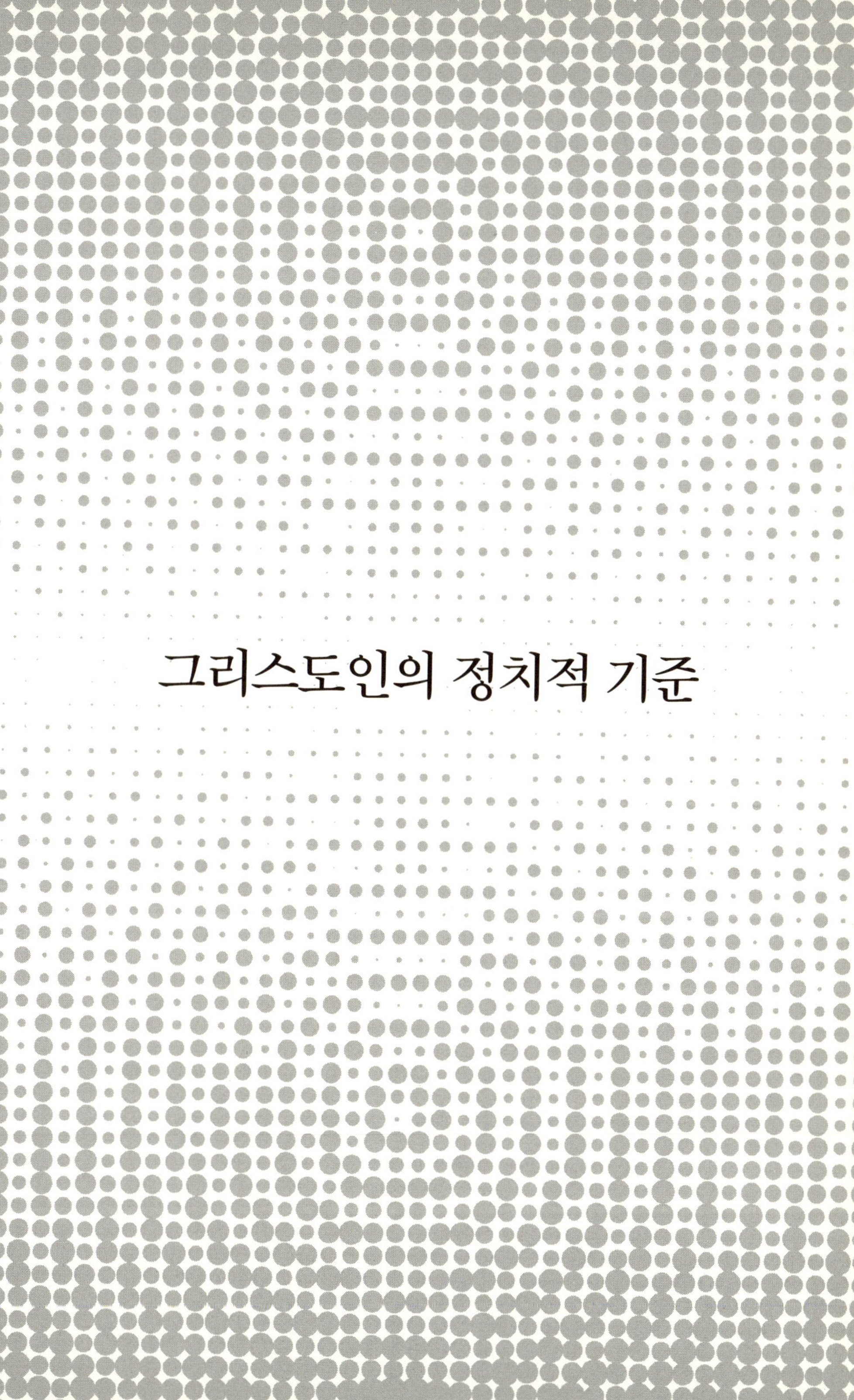

그리스도인의 정치적 기준

4장 | 하나님 나라와 국가

"도대체 국가란 무엇인가? 누가 국가를 다스려야 하는가? 국가의 도덕적 이상은 무엇인가? 어떤 방법으로 그 이상에 다가설 수 있는가? 대한민국을 더 훌륭한 국가로 만들려면 국민은 각자 무엇을 어떻게 해야 하는 것일까? 정치를 통해 이 목적을 추구하는 사람은 어떤 자세로 일해야 하는가? 나는 이런 의문에 대한 답을 찾고 있었다. 이 책은 오늘의 시점에서 내가 찾은 대답이다"14)

유시민 전 참여당 대표가 자신이 쓴 책『국가란 무엇인가?』의 서문에서 밝힌 소회이다. 그는 국가에 대해 자신이 찾은 답을 함께 나누고자 책을 집필하였다. 이것은 그가 가지고 있는 국가에 대한 세계관을 유감없이 발휘한 책이다. 그런데 사실상 모든 이들이 책으로 내지는 못하여도 국가에 대한 자신만의 세계관을 가지고 있을 것이다. 그렇다면 과연 국가란 무엇일까? 특별히 성경을 믿는 그리스도인들은 이에 대하여 어떠한 생각을 가져야 할까?

국가에 대하여 어떠한 자세를 가지고 있느냐는 정부와 정치참여 그리고 사회개혁에 있어서 중요한 기준이 된다. 특별히 기독교인으로서 성경의 가르침을 어떻게 이해하느냐는 현실적 국가 시민으로서 어떤 자세를 가져야 하느냐를 가늠하는 중요한 원리이다.

한국의 보수 기독교는 독재시절에는 철저하게 정교 분리의 원칙을 내세웠다. 정교분리가 성경의 가르침이라고 강조하였으며 불의한 정권이라고 하여도 하나님이 세워주신 것이기에 불복종은 있을 수 없다고 가르쳤다. 그러한 논리 가운데 교회는 순조롭게 성장하였다. 정권을 향한 전폭적인 순종으로 교회는 유지되고 더욱 보수화 되었다. 마치 신사참배를 하였던 당대의 목사들이 교회를 지키기 위한 일이라고 했듯이 교회를 지키기 위하여 불의한 정권에 침묵과 순종으로 일관되게 동조하였다.

그러나 지금은 이러한 보수 기독교가 현실 정치에 적극적인 참여와 투쟁을 하고 있다. 민주화 세력들이 만들어 준 민주화의 판 위에서 신나게 춤을 추고 있는 것이다. 이전 상황에 대한 한 마디의 변명도 없이 적극적으로 정치에 뛰어 들고 있는 모습을 본다. 그러므로 정교분리 시대에 살던 그리스도인들은 혼란스러운 상황 가운데 처하게 된 것이다.

사실 종교개혁의 사상적 기반을 두고 있는 기독교와 오늘의 기독교는 정치적 참여에 있어서 매우 다른 모습을 하고 있는 것이 사실이다. 또한 성경의 가르침과도 동 떨어져 있음이 사실이다. 사실 한국 기독교는 많은 면에서 성경의 가르침에서 왜곡되어 있었고 종교개혁의 정신과도 다른 모습을 가지고 있음을 본다. 그러므로 이 부분에 대한 바른 정립들이 나타나야 하고 많이 연구되어야 한다고 생각한다.

기독교는 정치적인가? 비정치적인가?

우리는 이 문제에 대하여 많은 관심을 기울이고 있어야 한다. 그리고 바른 분별력을 가져야 한다. 성경은 이 문제에 대하여 어떻게 말하고 있는가? 바른 기준이 없이는 건강한 삶을 기대하기 힘들다. 그런 측면에서 이 문제에 대하여 성경적 기준을 확립하는 것은 매우 중요하다.

정치란 모든 삶의 현장에 다 있는 것이지만 보편적으로 국가와 정부에 대하여 어떠한 자세를 갖느냐에 있다고 할 수 있다. 즉 국가에 대한 바른 이해 없이 정치에 대한 바른 관점에 도달하지 못한다. 그러므로 국가와 정치는 함께 생각하고 함께 동행 하는 것이다. 이 장에서는 특히 하나님 나라의 관점에서 국가에 대한 가르침을 살펴볼 것이다. 성경이 보여주는 국가에 대한 이해와 성경이 적용되었던 각 시대에 있어서 국가가 어떻게 이해되었는가를 살펴보고 이러한 국가가 가지고 있는 책임과 한계, 그리고 국가에 대하여 우리는 어떠한 자세를 가져야 하는지를 나눌 것이다.

국가에 대한 성경의 가르침을 어떻게 볼 것인가? 이 문제는 초대 교회로부터 종교 개혁에 이르는 기간 내내 중요한 관점이 되었다. 국가가 왜 존재하게 되었는가? 즉 국가의 기원은 무엇으로부터 파생되었는가 하는 점이다.

1. 구약 성경에서 바라본 국가

국가에 대한 이해의 시발점은 창조 시에 주었던 창조명령에서 그 기원을 찾을 수 있다. 창조명령(창 1:26-28, 창2:15)이 가지고 있는 관점은 바로 하나님의 통치가 인간에게 위임되었다는 것이다. 하나님이 직접 통치할 수 있으나 그 권한을 인간에게 주었다는 것이다. 통치는 인간사회 구조에 있어서 가장 중요한 핵심이다. 다스림이 없는 영역은 없기 때문이다. 그런데 이 다스림은 바로 타락하기 전 첫 아담에게 주어진 언약에 기초하고 있다.

"하나님 나라의 관점에서 보면 통치가 매우 중요한 자리를 차지한다. 하나님께서 다스리실 때 거기서 하나님의 나라가 시작되고 형성되며 발전한다. 그런데 하나님은 창조 후 아담에게 통치권을 위임하셨다. 하지만 인간의 타락은 이 통치관계를 변화시켰다. 인간이 대리 통치자로서 위임 통치를 하는 것이 아니라 자기가 임의로 통치하고 자기가 원(原)통치자로서 행세하기 시작한 것이다. 이 사건이 신인관계를 적대관계로 변화시켰다. 그러나 하나님은 인간의 반역에도 불구하고 인간에게 처음 주신 통치권을 다 회수하지 않았다. 그렇게 회수되지 않는 통치권이 부분적으로 자연에 대한 지배와 인간사회 조직에서 나타나는 통치의 형태들에 반영되어 있고 또 실제로 집행되고 있다. 국가 조직에서 통치권이 행사되는 것을 보면 하나님께서 언약 체결 시에 위임하신 통치권을 완전히 거두어 가신 것이 아니고 시행되게 하셨다는 것을 분명히 알 수 있다. 이렇게 보면 타락이 없었어도 하나님께서 아담에게 위탁하신 통치권은 사람 사회에서 정부의 조직 형태로 나타났을 것이다.”15)

창조명령을 통하여 국가에 대한 하나님의 계획하심을 볼 수 있다. 뿐만 아니라 성경의 전체적인 역사성을 통하여 볼 때도 국가 구조에 대한 하나님의 계획하심을 볼 수 있다. 하나님의 창조는 에덴동산에 머무는 것이 아니었다. 이미 앞서서 보았듯이 땅에 충만하여 번성하여 하나님의 영광이 온전하게 이루어지는 것이 창조의 목적이다. 이러한 목적은 하나님의 사람들을 부르시고 만들어 가는 과정에서 분명하게 알 수 있다. 성경의 전체적인 구조를 바라보는 측면이 다양하지만 국가의 이해라는 측면에서도 볼 수 있다. 다음은 성경이 보여주는 동산에서 도시로의 역사적 흐름이다.

그리스도인의 정치 색깔

가정 – 가족 – 씨족 – 부족 – 민족 – 왕국 – 제국 – 도시 국가 – 하나님의 나라

아담과 하와를 만드신 하나님은 가정을 이루셨다. 이미 가정에서부터 천국과 교회 그리고 사회적 체제인 국가의 기능을 볼 수 있다. 하나님은 한 가정으로 만족하지 않으셨다. 이미 약속되어진 대로 땅에 충만하여 번성하는 것이 하나님의 계획이었다. 그리고 그들을 통하여 다스리고자 한 것이다. 아담은 가인과 아벨 그리고 셋을 낳음으로 가족이 되었고, 노아 시대를 통하여 씨족 사회가 형성되고(창 9) 아브라함을 통하여 부족 사회의 면모를 갖추고 민족으로 준비를 하게 되었다.(창 12:1–3) 모세를 통하여 히브리 민족으로 통합되었고, 가나안 정복과 사사 시대를 거치면서 왕권국가로서 그 면모를 갖추게 되었다.[16]

이러한 성경의 역사는 일반적 역사의 흐름과 그리 차이가 없다. 그러나 왕국이 끝이 아니다. 이미 창조에서 보았듯이 동산에서 도시로 향하는 하나님의 역사는 국가적 통합을 이룬 제국으로서의 역사를 보여 준다. 특별히 로마제국의 모습은 이전의 국가적 이해를 넘어서게 하였다. 그러나 제국 역시 역사의 끝이 아니었다. 제국의 꿈들은 끊임없는 약탈과 전쟁으로 이어졌지만 끝은 아니다. 제국은 다시 재편되어 도시 국가로 형성되었다. 도시 국가는 민족과 왕국 그리고 제국의 틀을 넘어서는 것이다. 그러나 이 역시 끝이 아니다. 성경이 말하는 새 하늘과 새 땅 그리고 하늘로부터 내려오는 새 예루살렘 성(City)은 불

완전한 인간의 통치가 아니라 하나님의 완전한 통치가 이루어
지는 하나님의 나라이다. 이러한 일련의 성경의 구속적 역사에
서 볼 수 있듯이 국가는 인간이 자의적으로 만든 제도가 아니
라 하나님으로부터 주어진 제도임을 볼 수 있다.[17]

2. 신약 성경에서 바라본 국가

구약 성경은 국가의 기원이 하나님의 창조 명령 가운데 있음
을 보여주고 있다. 그렇다면 신약은 국가에 대하여 어떠한 관
점을 가지고 있을까? 사실 우리는 율법이 삶의 기준이 되고,
구속이 되는 구약시대에 살고 있지 않다. 우리는 신약의 가르
침을 받고 있는 시대에 살고 있다. 신약은 구약의 율법이 완성
되어진 시대이다. 이제 구약이 강조한 시민법과 제사법은 더
이상 그리스도인들의 준수사항이 아니다. 오직 도덕법인 십
계명만이 존재하고 있다. 십계명도 구원의 조건이 아니라 구
원 받은 백성들의 삶의 규범으로만 존재한다. 그렇다고 신약
이 가르치는 국가에 대한 가르침이 구약과 전혀 다른 것이라
고 할 수 없다. 구약의 연장 속에서 신약의 가르침이 존재하
기 때문이다. 그렇기에 신약이 가르치는 국가를 바로 아는 것
이 중요하다.

예수 그리스도의 국가에 대한 이중성

복음서는 예수 그리스도의 가르침이다. 복음서에는 예수 그리스도께서 국가에 대한 분명한 정의나 예수님의 태도가 직접적으로 드러난 곳은 없다. 다만 일반적으로 알려진 납세의 문제를 통하여 예수님의 국가에 대한 이해를 생각할 뿐이다. 그러나 납세의 문제만으로 예수님께서 국가에 대한 이해를 알아가는 것은 너무 편협한 것이다. 오히려 오스카 쿨만의 주장처럼 예수님과 열심당에 대한 관점에서부터 국가에 대한 이해를 갖는 것이 더 낫다. 오스카 쿨만은 "무엇보다도 우리는 예수가 로마인들에 의해 열심당원으로서 십자가 위에서 처형되도록 선고받았다는 사실을 간과해서는 안 된다."[18]고 강조하고 있다. 이 사실에 근거하여 예수님이 가지신 국가에 대한 태도를 살펴보는 것이 중요하다. 쿨만은 예수님이 보여주는 국가에 대한 이해를 이중성이라고 표현하고 있다. 즉 "예수께서 확실히 국가를 어떤 의미에서든지 궁극적인 신적 제도로 여기지 않는다는 점을 안다. 다른 한편으로, 우리는 그가 국가를 받아들이고 그것을 전복시키려는 모든 시도를 신속히 포기한다는 점을 안다."[19]

예수님의 국가에 대한 이중성을 잘 보여주는 것이 바로 그 유명한 구절인 막 12: 17절의 "가이사의 것은 가이사에게, 하나님의 것은 하나님께 바치라."는 것에 잘 나타나 있다. 이 구절은 종종 가이사의 영역과 하나님의 영역이 동등한 가치를 가지고 있는 것처럼 오해되었다.[20] 그러나 예수 그리스도의 말씀은 그런 의미가 아니다. "예수는 단지 국가가 자신의 영역 내에서

4장 | 하나님 나라와 국가

자신에 속한 돈, 세금을 요구할 수 있음을 인정한 것 뿐이다. 그러나 국가가 하나님과 같은 수준에 놓여서는 안 된다. 하나님께 속한 것은 하나님께 드려라! 그것은 당신의 삶, 당신의 전 인격을 의미하는 것이다.”[21] 결국 이 말씀은 “국가는 전혀 궁극적인 실체가 아니다. 다른 한편으로는 국가는 자신이 존재하기 위해 필요한 것을 요구할 권리가 있지만, 더 이상은 불가하다.”[22]는 예수님의 철저한 이중성을 잘 보여주고 있다. 결국 이러한 주님의 이중성은 “만일 국가가 하나님께 속한 것을 요구한다면, 만일 그리스도인이 하나님의 왕국을 선포하는 것을 방해한다면, 국가에 저항하라”는 것이다.[23]

국가에 대한 예수 그리스도의 태도는 분명하다. “예수는 국가를 하나님의 왕국과 어느 정도 동등한 것으로 여길 수 있을 만한 궁극적인 제도로 보지 않는다. 국가는 지금까지도 여전히 존재하는, 그러나 하나님의 왕국이 도래하자마자 분명히 소멸해버릴 이 세대에 속한다. 따라서 예수의 제자들도 도래할 왕국과 하나님의 뜻에 대한 그들의 지식을 근거로 하여 국가를 판단할 권리 뿐 아니라 의무를 가진다. 그러나 이 세대가 여전히 계속되는 한, 비록 국가가 신성(神性)에 속한 것은 아닐지라도, 이는 하나님의 뜻하신 것이며 이방 로마 국가의 존재까지도 예외일 수가 없다. 결과적으로 한 제도로서의 국가를 폐기시키려고 전면에 나서는 것은 예수의 제자로서 할 일이 아니다.[24] 이것이 예수님의 국가에 대한 가르침이다.

바울은 누구보다도 예수 그리스도의 정신을 잘 전해주고 있다. 그러므로 바울의 증거가 예수 그리스도의 증거와 충돌한다는 것은 있을 수 없는 일이다. 예수 그리스도의 이중성이 바울에게는 어떻게 나타나고 있는가를 살피는 것은 매우 중요하다. 때로 사람들은 바울이 국가에 대한 전체주의적 관점을 가지고 있다고 생각하기 때문이다.[25] 바울의 관점이 가장 명백하게 드러나 있는 곳은 바로 롬 13:1-7이다. 이 말씀은 국가를 신성시하는 것과 국가를 악마화하는 것의 두 극단을 피하면서 국가에 대해 다소 비판적인 존경의 태도로 바라볼 것을 제시한다.[26]

그렇다면 바울이 정의하고 있는 국가의 모습은 무엇인가? 롬 13:1-7의 말씀을 바로 이해하는 것이 바울이 말하고 있는 국가 이해에 있어서 매우 중요하다. 왜냐하면 이 본문을 어떻게 해석하느냐에 따라 국가에 대한 이해가 달라지기 때문이다. 전통적으로 우리나라는 이 본문을 국가에 대한 충성과 순종의 지표로 해석해 왔다. 그러나 많은 면에서 살펴볼 때 본문에 대한 이러한 이해는 성경을 바르게 가르치지 못한 결과라 할 수 있다.

롬 13:1은 위에 있는 권세에 대하여 언급하고 있다. 위에 있는 권세는 성경에 다양하게 언급되고 있는 것이 사실이다. 고전 15:24과 엡 1:20-21 그리고 골 1:16, 벧전 3:20에 이 단어가 쓰이고 있다. 그런데 그 곳에서의 쓰임은 지상의 권세보다는 하늘에 있는 천사들의 권세로 보고 있다. 그래서 롬 13의 권세도 천사들의 권세라고 보는 견해가 있다. 그러나 로이드 존스는 "롬 12장 전체가 인간 존재들과 우리의 문제를 내내 다루고 있다. 바로 그 이유 때문에 여기서 사도는 오직 지상의 권세들을 생각하고 있다고 주창한다."[27] 롬 13:1은 위에 있는 권세가 바로 지상의 권세임을 보여주고 있으며 이것이 우리 시대의 국가라는 의미이다. 그러나 오스카 쿨만은 이에 대하여 이 단어는 이중적 의미가 있다고 말하고 있다. 먼저는 국가이고 다음으로는 그 배후에 있는 천사의 권세라는 것이다.[28]

위로부터 얻을 수 있는 공통적인 사실은 "권세"가 국가를 의미한다는 것이다. 그리고 권세에게 굴복하라는 것이다. 그렇다면 국가에 대하여 전체주의적 관점으로 복종하라는 것인가? 이 부분에 대한 해석이 중요하다. 바울이 쓴 다른 본문 고전 6:1, 고전 2:8을 비교하여 볼 때 바울이 말하고자 하는 것은 예수 그리스도의 가르침과 동일한 것을 볼 수 있다. "국가는 본질적으로 전혀 신성한 것이 아니다. 그러나 그것은 여전히 하나님께서 뜻하시는 질서 속에 서 있는 한에서만 일종의 어떤 존엄을 유지한다. 결국 이것은 바울에게도 해당되는 진리이다. 그는 국가를 하나의 제도로서 긍정해야 한다. 그 자신을 위해 하나님의 것을 요구하는 국가의 전체주의적 요구에 대해 바울은 직접적으로 말하지는 않는다."[29]

여기서 바울의 관점을 정리할 수 있다. 국가는 하나님이 제정하신 것이다. 그러나 국가는 본질적으로 신성한 것이 아니며 자율적이지 않다는 것이다. 이렇게 볼 때 신약성경이 보여주고 있는 국가에 대한 이해는 첫째, 국가를 인정하고 있다는 사실이다.(마 20:25, 눅 3:12-14, 13:31, 20:24-24, 요 19:10-11) 그리고 두 번째는 신약 성경이 보여주는 국가에 대한 가르침은 철저하게 이중적인 의미(하나님이 제정하셨지만 자율적이지 않다.)를 가지고 있다는 사실이다.

3. 초대 교회가 경험한 국가

성경이 말하고 있는 국가에 대한 가르침은 예수님이 승천하신 후 정경(신구약 66권)이 완성되고 사도들이 복음을 전하기 위하여 예루살렘을 넘어 이방의 세계로 나가는 현장에서 실천되었다. 특히 초대 교회의 역사는 콘스탄틴 대제의 기독교 공인이라는 역사적 사건을 기점으로 많은 변화를 가져오는 것을 볼 수 있다.

기독교가 공인(A.D 313)되기 전의 기독교를 향한 로마의 핍박은 상상을 초월하였다. 특히 기독교가 핍박을 받은 결정적인 이유는 기독교가 유대교와 다르다는 시점에서 시작하여 로마의 황제 숭배에 대하여 저항하였기 때문이다. 당시의 사회는 종교다원주의 사회와 다를 바 없었다. 그러므로 기독교 자체를 박해할 이유가 없다. 그러나 자신의 종교를 믿는 것은 자유이지만 동시에 황제를 숭배해야 하는 것이다.[30] 이것이 초대 교회로 하여금 국가에 대하여 불복종하게 하였고 모진 핍박을

4장 | 하나님 나라와 국가

받아야 했던 이유였다.[31]

그러나 313년에 기독교가 공인되고 국가 종교가 되면서 국가에 대한 교회의 입장은 상당한 변화를 맞이한다. 그러나 기독교의 공인은 얻은 것 보다 잃은 것이 더욱 많은 사건이라 할 수 있다. 왜냐하면 교회는 국가로부터 보호는 받았지만 국가를 위하여 자주 이용되었기 때문이다. 결국 교회의 타락을 부추겼다고 할 수 있다.[32] 그리고 결코 무너질 것 같지 않았던 로마가 무너지고 만다. 이러한 상황 가운데 국가에 대한 새로운 인식이 나타나는 데 가장 중요한 인물은 바로 어거스틴이다.

어거스틴의 두 도성

어거스틴은 그의 유명한 책인 『신의 도성(혹은 신국론)』을 통해서 국가에 대한 이해를 정의하였다. 어거스틴의 견해는 교회사의 흐름 가운데 아주 중요하다. 어거스틴은 로마의 멸망을 바라보면서 저술한 신의 도성을 통하여 두 도성 혹은 두 왕국을 제시하였다. 우리가 사는 도성(나라)은 하나가 아니라 두 개라는 것이다. 즉 지상의 도성과 신의 도성으로 구분하였다. 어거스틴은 지상의 도성은 영원한 것이 아니라 없어질 것이지만 신의 도성은 영원히 존재할 것이라고 보았다. 지상의 도성은 신의 도성을 향하여 가는 여정에 있는 도성인 것이다. 지상의 도성은 육체를 따라 사는 삶을 갈망하고 신의 도성은 하나님의 의지를 따르는 것을 갈망한다.[33]

그리스도인의 정치 색깔

어거스틴에게 있어서 지상의 도시는 불신자들의 도성, 즉 이 세상의 도성, 사악한 도성, 죽음과 운명의 도시, 악마의 도성이다.[34] 그런데 국가는 이러한 지상의 도성과 밀접한 관계를 가지고 있다고 보았다. 어거스틴에게 있어, 지상의 도성들이 직접적으로 로마 제국을 의미하는 것은 아니었다. 그렇지만, 신의 도성의 많은 곳에서 다양한 형태로 기술하고 있는 지상의 도성은, 신국과 절대적으로 대립되는 개념이다.[35] 어거스틴에 따르면 국가는 존재론적으로 인간의 사회적 본성에 기초하고 있었다. 그렇기 때문에 국가는 가족적 관계들로부터 생성되었다. 국가가 이런 방법을 통해 하나님의 영원한 법에 의존하고 있기 때문에 정부는 자신의 권위와 힘을 하나님으로부터 빌려 왔다. 그러므로 국가는 죄악 때문에 존재하게 된 것은 아니었다. 다만 국가는 죄악의 결과인 폭력과 핍박의 기구로 발전하게 되었을 뿐이다.[36]

어거스틴은 국가에 대한 이러한 시각 때문에 국가들이 정의를 시행하지 않은 강도떼로 변했다 해도 시민은 정부가 하나님의 계명에 반대할 것을 요구하지 않는 한 정부에 순종해야 한다고 하였다.[37] 하지만 정부가 하나님의 계명을 거역하는 경우, 어거스틴은 반란을 선동하지는 않지만 시민들이 정부에 저항해야 한다는 것을 옹호하고 있다.[38]

이렇게 어거스틴은 신의 도성과 사회의 이원론을 주장하지만 인간은 사회적 존재로서 세상에서 나그네인 신자도 하나님을 위하여 이웃을 사랑해야 할 것을 주장한다.[39] 즉 어거스틴은 신의 도성과 지상의 도성이 현세에 서로 섞여 있음을 말하는 것이다. 그러므로 신국(Civitas Dei)과 지상국(Civitas ter-rena)을 구분하면서도 사회와 국가를 긍정하고 그것을 영적으로나 도덕적으로 뿐 아니라 정치적으로 신의 뜻, 즉 영원한 예지에 따라 변화시켜야 한다고 생각하였다.[40] 이것이 초대 교회에 가장 중요한 역할을 하였던 어거스틴의 국가에 대한 개념이다. 이렇게 두 왕국에 대한 이해는 중세와 종교 개혁자들에게 영향을 주었다.

4. 종교 개혁시대가 정립한 국가

토마스 아퀴나스의 국가 이해

앞서서 어거스틴의 개념을 살펴보았다. 이제 종교개혁시대가 정립한 국가 개념을 살펴보고자 한다. 사실 종교개혁의 시대를 넘어오기 전에 중세의 위대한 학자인 토마스 아퀴나스의 사상을 이해하는 것이 필요하다. 토마스 아퀴나스는 어거스틴과 같이 국가는 인간 본성에 기초하고 있으며, 국가의 법률은 자연법에 기초해야 한다고 보았다. 아퀴나스도 어거스틴과 같이 국가가 죄악의 결과가 아니라고 보았다.[41]

또한 아퀴나스는 국가를 가장 완전한 공동체로 보았다.[42] 아퀴나스는 국가는 시민들의 일반복지를 실현시키고 그들로 하여금 삶의 더 높은 목적을 지향하도록 만들어 주는 것으로 보았다.[43] 토마스에 의하면 국가가 가지고 있어야 할 사명은 분명했다. 그는 "시민으로서의 인간은 국가의 일부이긴 하지만 국가에 함몰되지 않는다. 국가 역시 인간의 불완전성을 없애기에는 불완전하다. 그러므로 국가는 절대로 시민들에게 그들의 삶의 모든 것을 요구해서는 안 된다. 오히려 국가는 시민들의 지고의 선을 추구할 수 있도록 공간을 마련해 주어야 한다."[44] 이것이 중세를 관통하였던 국가에 대한 개념이다. 물론 중세라는 현실에서 이러한 가르침이 수용되지 않았다.

마틴 루터의 한 왕국 두 체제론

이러한 국가에 대한 이해는 종교 개혁가들에 의하여 좀 더 구체화 된 것을 볼 수 있다. 여기에서는 루터와 칼빈의 견해만을 살펴 볼 것이다. 마틴 루터는 두 체제론, 존 칼빈은 영역 주권으로서의 국가를 말하고 있다.

루터는 종교 개혁의 위대한 역사를 일으킨 장본인이다. 루터가 가지고 있는 영적 자양분은 참으로 대단하다. 다양한 부분에서 그의 뛰어난 업적을 볼 수 있지만 이원론의 무지함을 깨우쳐준 그의 역할은 참으로 중요하다. 중세의 세계관은 철저하게 이원론이었다. 특별히 교회와 세상간의 구분은 분명하였다. 그래서 소명을 이야기 할 때 종교적인 의미에서만 사용되었다.[45] 루터는 인간의 삶이 두 개의 영역, 즉 거룩한 영역과 세속적 영역으로 나누어지며 후자가 성자들과의 차원 높은 일

4장 | 하나님 나라와 국가

치를 이루기 위해서는 성례전들과 교회의 축복을 통해 성화되어야 한다는 생각을 깨트려 버렸다.[46]

이러한 구분을 깨뜨린 루터는 하나님이 행하시는 두 가지의 통치 체제를 강조하였다. 그것은 영적 통치체제와 세상적 통치체제이다. 영적 통치는 복음전파와 성례를 통해서 이루어지고. 세상적 통치는 세상적 통치체제를 통하여 간접적으로 다스린다는 것이다.[47] 그러므로 루터가 다루었던 것은 두 개의 서로 다른 영역을 말하지 않고 하나의 세계에 대한 하나님의 두 가지 통치 방식이었다.[48] 루터의 관점에서 볼 때 그리스도인은 세상에서 이중적인 위치를 차지한다. 그는 그리스도의 사람이면서 동시에 세상의 사람이다.[49]

그러나 루터는 어거스틴과 아퀴나스와는 다르게 국가의 존재를 보았다. 루터는 "정부는 인간의 사회적 성향 때문에 생긴 것이 아니라 죄악의 결과로 보았다."[50] 그러므로 루터는 어떤 정부가 정의롭지 못한 데 기독교인들은 그러한 정부를 따라야 할 의무를 지니는가? 이에 대하여 루터의 입장은 아주 분명하다. 결코 따를 수 없다는 것이다. 루터는 다음과 같이 말한다. "정의에 반하여 행동하는 것은 누구에게나 적당하지 않기 때문이다. 인간은 사람들보다 하나님께 더욱 순종해야 한다. 왜냐하면 하나님은 정의를 원하는 분이기 때문이다."[51] 그렇다면 어떻게 해야 하는가? 루터는 다음과 같은 자세를 언급한다. "첫째, 기독교 시민은 정부에 순종해야 한다. 둘째, 그들에게 망명 가능성이 존재해야 한다. 셋째, 루터는 시민들의 소극적 저

그리스도인의 정치 색깔

항의 길을 열어 놓았다. 넷째, 정부가 불의하게 폭력적으로 나오는 극단적인 경우에 한해서만, 하위 통치 책임자들은 정부에 대하여 평화로운 방법으로 저항할 수 있었다."[52]

이상에서 보았듯이 루터는 국가에 대한 많은 기대를 가지고 있었다. 정부는 하나님의 세상적 통치 방법이기 때문이다.[53] 그러므로 루터는 많은 사람들이 국가의 기구들에 참여하는 것을 옹호했다. 루터는 이 땅에 존재하는 두 왕국에 대하여 날카롭게 구별되어야 하지만 둘 모두가 존속하도록 허용되어야 한다고 보았다.[54] 하나는 경건을 낳기 위하여, 다른 하나는 외적인 평화를 가져오고 악행을 막기 위하여, 다른 쪽이 없다면 이는 한 쪽 만으로 세상은 불충분하다고 보았다.[55] 루터는 마 5:39의 말씀의 의미를 통하여 언급하기를 "그리스도는 세속의 칼과 법을 지니고 있는 사람들을 복종하는 것을 금하지 않는다."고 하였다.[56] 루터는 예수님이 말씀하시는 의미를 다음과 같이 이해하였다. "너희는 모든 것을 참도록 유의하라, 그리하여 너희가 국가를 돕고, 섬기고, 유의하게 하고, 이롭게 하되, 국가가 너희를 돕고, 섬기고, 유의하게 하고, 이롭게 할 것을 기대하지 말도록 하라. 나는 여러분들이 아주 존귀하고 고상한 사람들이 되어 국가를 필요 없는 것으로 여기고, 국가가 여러분을 필요로 하기를 바란다."[57]

존 칼빈의 하나님의 절대 주권으로서의 국가 이해

칼빈은 누구보다도 서구 사회에 가장 큰 영향을 미친 사람이다. 칼빈 사상의 중심적 사고는 하나님과 그 백성들 사이의 언약과 관련 되어있다. 칼빈 역시 루터와 동일하게 하나님의 이중 통치에 대하여 말한다. 영적 통치와 시민적 통치를 강조한 칼빈은 영적 통치는 인간의 내적인 것과 영원한 삶을 위해 존재하고 세상적 통치는 정치적 정의와 관계되어 있다[58]고 보았다.

칼빈은 국가에 대한 관점에서 루터보다 좀 더 진전된 것을 볼 수 있다. 그것은 국가는 하나님의 주권에 의하여 창조되었다고 보는 것이다. 즉 모든 것은 하나님으로부터, 그리고 하나님을 통해 창조되었다.[59] 이에 대하여 헨리 미터는 칼빈주의란 책에서 국가의 기원에 대하여 다음과 같이 언급한다. "국가는 인간의 자연적 본능으로 인하여 자연히 생겨졌다. 즉 하나님이 사람에게 주신 사회적 충동(社會的衝動)에서 국가가 생겼다…… 이 세상이 만일 범죄로 타락하지 않았더라도 어떤 의미에서 국가가 있었을 것이다. 즉 최고 기관으로 백성이 인정한 정부 치하에 있는 인류 사회가 있었을 뻔하였다. 무죄 세계에서 각 사람은 개인적 의무로 자기에게 있는 하나님의 형상을 발전시키며, 또 자기 개인의 유익에 관한 한도에서 자기의 개발적 임무에 종사할 것이다."[60]

이러한 관점에서 칼빈은 국가는 단순히 악을 억제하고 지상의 평화를 실현하는데 세상적 영역의 임무만이 아니라 미래의 하나님 나라를 위한 임무를 지고 있다고 하였다.[61] 그러므로 칼

그리스도인의 정치 색깔

빈은 국가는 하나님이 원하셨던 하나님의 기구이며, 정부는 죄악을 억제하고 전체적 타락으로부터 사회를 보존하기 위한 사역자들이라고 주장했다.[62] 안인섭은 이러한 칼빈의 모습은 초기 기독교 강요(1536년)의 모습이 아니라 1559년 기독교 강요에 나타난 것이라고 하였다. 그에 따르면 칼빈은 국가의 목적에 사회적 평화 유지 외에 국가가 교회와 교리를 후원해야 하는 기능을 부여했다고 보았다.[63] 이런 해석은 칼빈이 신정국가를 소망하고 있었던 것은 아닌지 생각해 보게 한다. 이에 대하여 필자는 볼드링의 견해에 동의한다.

"칼빈은 어거스틴이나 루터에 비해 국가에 대해 훨씬 긍정적인 입장을 취했다. 국가는 마귀의 나라에 속하지도 않았고(어거스틴), 단지 악에 대해 저항하고 정치적 정의를 증진시키기 위해 존재하는 것도 아니었다(루터). 국가는 세상적 정부형태를 갖추고 미래의 하나님 나라를 섬겨야 했다. 비록 그런 국가가 어떤 모습이어야 하는가에 대해서는 어디에서도 명확하게 설명할 수 없었지만, 칼빈은 기독교 국가를 이상으로서 염두에 두고 있었다. 그러므로 칼빈은 루터와 마찬가지로 영적 통치방법과 세상적 통치방법 사이의 구분에 대해서뿐만 아니라, 그 둘의 연결에 대해서도 알고 있었다."[64]

이러한 국가에 대한 칼빈의 입장은 국가의 권력에 대하여는 보수적인 입장이라 할 수 있다. 그는 위에 있는 권세에게 복종하는 것이 정당함을 역설하였다.[65] 그는 왕이 비록 악한 왕이라 할지라도 복종하는 것이 성경의 요구라고 하였다. 우리의

모습은 절대적 복종에 있는 것이지 하나님이 세우신 권세자에 게 불복종해서는 안 된다는 것이다.[66]

그렇다면 칼빈은 통치자들의 무소불위한 권력의 정당함까지 복종하라고 말하고 있는 것인가? 통치자는 그 어떠한 저항도 받을 수 없는가? 이에 대하여 칼빈은 하나님의 영광과 위엄 또는 우리 위에 있는 하나님의 직접적인 권위가 침해될 위험에 처하게 될 때 권세에 대하여 저항할 수 있다고 하였다. 그리고 하나님께서 친히 막대한 권력을 맡기신 사람들에 의해서도 자신의 정당한 권위가 침해받는 것을 허용치 않으시며 자신의 지고의 권위를 유지한다고[67] 보았다. 그러나 이러한 칼빈의 저항은 모든 이들에게 열려져있는 적극적인 저항은 아니었다. 질서 유지를 위한 합법적인 테두리 안에서의 저항이었다. 또한 칼빈은 사사로운 개인들의 저항을 인정하고 있지 않으며 다만 헌법상의 관리들만이 왕들의 폭정을 막아야 한다고 말한다. 하나님은 뜻밖의 대리자들을 통해서 개입하시는 때가 있다는 것이다.[68] 권력에 대한 저항의 관점은 본 책의 범위를 넘어가는 것으로 간략하게만 다루고자 한다.[69]

5. 근대 교회사에 나타난 국가

이제 근대 사회에 나타난 기독교 국가 이해에 대하여 살펴보고자 한다. 특별히 이 부분에 있어서 가장 탁월한 학자이며, 정치가요 목사였던 네덜란드의 아브라함 카이퍼를 살펴보고

그리스도인의 정치 색깔

자 한다.

아브라함 카이퍼의 영역 주권으로서의 국가 이해

아브라함 카이퍼는 누구보다도 근대사에 있어서 기독교 국가와 정치에 대하여 많은 영향력을 주었다. 직접 정당을 만들어 정치를 하였고 자신이 수상이 되어서 정책을 입안하였으며 학교를 세워서 교육의 일선에서 사역을 감당하기도 하였다.

아브라함 카이퍼는 국가에 대한 그의 견해를 스톤 강좌에서 분명하게 밝혔다. 아브라함 카이퍼는 국가에 대한 이해는 마틴 루터의 견해를 따르고 있다. 카이퍼는 죄가 없을 때에는 행정부나 국가의 질서 같은 것은 없었을 것으로 보았다.[70] 카이퍼는 이에 대하여 좀 더 길게 설명한다. "곧 하나님께서 죄 때문에 통치기구를 제정하였다는 것, 그것은 근본 진리로 내세운다. 이 한 사상 속에 국가의 밝고 어두운 측면이 다 숨어 있다. -중략- 제각기 인류에게 국가가 없고 법도 없고 정부도 없고 다스리는 권위자도 없으면 이 당은 가히 지옥과 같을 것이다. -중략- 첫째로, 우리는 우리들을 보존하시는 정말 불가피한 방편으로써 행정관들을 가진 국가제도를 하나님의 손에서 받은 것을 감사해야 한다. 반면에, 우리의 본성적인 행동 때문에 개인의 자유를 위하여 국가 권력 속에 잠복돼 있는 위험에 빠지지 않도록 언제나 조심해야 한다."[71]는 것이다.

카이퍼는 이러한 국가의 기원에 대하여 언급하면서 두 번째

명제에 대하여 언급한다. 그것은 "곧 지상의 모든 정부의 권위는 하나님의 주권에서만 나온다는 말이다."[72] 그러므로 모든 권세는 하나님께 순종하여야 한다는 것이다. 동시에 관원들은 "모든 방종과 패역을 제어하고 선한 사람을 악한 사람들로부터 방호해주는 '일반은총'의 도구이다. 그러나 관원은 그보다 더한 요점을 가지고 있는 사람이다. 이 모든 것 외에도 관원은 하나님에 의해서 하나님의 종으로 세움을 받은 사람이다."[73]

아브라함 카이퍼는 모든 영역에 하나님의 주권이 있다고 하였다. 그래서 아무리 국가의 권위가 있다하더라도 사적인 영역을 침범해서는 안 된다고 보았다. 카이퍼는 "국가는 인생 전체를 장악하는 하나의 팔방권세가 될 수 없다. 국가는 숲 속에 있는 모든 다른 나무들 틈에서 자신의 뿌리에 서서 자기의 위치를 지켜야 한다."[74]고 보았다. 이것은 칼빈이 강조한 영역 주권에 대한 구체적인 적용이다. 그는 원칙적으로 국가와 사회 사이, 그리고 정부의 권위와 사회의 다른 형태의 권위들 사이를 구분했다.[75] 카이퍼는 본질로서의 국가공동체와 그 국가공동체를 섬기기 위해 존재하는, 가변적인 형식들로서의 국가기구, 국가행정을 구분했다. 그는 국가공동체의 유기체적, 그러므로 도덕적·공동체적 성격을 강하게 주장했다. 그러나 사회의 여러 분야들과 단체들 가운데 그와 같은 유기체적 성격이 결여되어 있는 곳이 있을 때는, 정부가 입법을 수단으로 하여 기계적으로 혹은 '외과수술적'(chirurgisch)으로 나서서 규정들이 준수되도록 보호해야 한다[76]고 보았다.

그리스도인의 정치 색깔

그래서 영역에 대한 주권이 있다 할지라도 정부가 사적인 영역을 침범할 의무와 권리가 있다고 보았다. 정부는 삼중적인 의무와 책임이 있다는 것이다. "(1) 다른 영역들이 서로 충돌할 때 각각의 한계선을 서로 존중해 주도록 공권력을 발동해야 한다. (2) 그러한 영역들 속에 있는 개인들과 약한 사람들은 다른 사람들의 권력 남용의 희생물이 되지 않도록 지켜주어야 한다. (3) 국가는 자연스런 연합을 유지하기 위해서 인격적이며 재정적인 부담을 서로 함께 지도록 의무를 부과해야 한다. 그러나 이러한 경우들에서도 결정권이 단독적으로 행정부에만 주어질 수 없다. 여기서 법은 각자의 권리를 지시해야 되고 자신의 금전을 관리할 시민들의 권리가 정부 편에서 권력을 남용하는 것을 막기 위한 물러설 수 없는 보조 역할을 담당해야 한다."[77)

아브라함 카이퍼는 이러한 영역 주권에 대한 확신이 있기 때문에 국가의 영역에 적극적으로 참여하는 것이 바르다고 보았다. 그는 "국가의 직무에서뿐만 아니라 삶의 모든 영역에서 그리스도인들은 예수 그리스도의 군사로서 믿음의 싸움을 싸우기 위하여 부르심을 받았다."고 강조하였다."[78)

아브라함 카이퍼의 사상은 후기 신칼빈주의 자들에 의하여 오늘까지 그 영향을 미치고 있음을 본다. 아직까지 우리는 구체적으로 이러한 논의가 없지만 기독교 정치에 관심을 가진다면 화란의 큰 인물 아브라함 카이퍼의 사상을 살펴보는 것은 매우 중요하다.

6. 국가의 책임과 한계

국가의 책임은 무엇인가 그리고 국가가 가지고 있는 한계는 무엇인가? 우리는 성경과 교회사의 흐름을 살펴보면서 국가의 책임과 한계가 무엇인지를 보았다. 사실 이 문제에 있어서 우선순위는 성경이 보여주는 국가의 기원이 어디에 있느냐에 있다.

많은 사람들은 국가를 일정한 영토 안에서 독자적인 정부 아래 조직되었고 최고 기관으로 백성의 인정을 받은 정치적 공동사회(政治的 共同社會)라고 보기도 하였다. 또한 국가는 민족의 발달 과정에 있어서 단순히 종족적 습관이나 전승(傳承)에 의하여 생겼다고 한다.[79] 그리고 국가는 원시시대 사람들이 맺은 계약(契約)에 의하여 생겼다고 한다. 또 다른 이는 국가의 구성은 사회가 점점 복잡하게 되어감에 따라서 생겼다고 주장한다.[80]

그러나 이미 살펴보았듯이 국가는 이러한 과점에서 생긴 것이 아니라 하나님의 주권에 의하여 창조된 것이다. 그러므로 국가를 향하신 하나님의 뜻이 있고, 국가는 하나님의 뜻에 순종하여야만 하는 것이다. 그렇다면 이렇게 주어진 국가의 책임은 무엇인가?

국가의 책임과 권한

하나님의 창조 섭리와 특히 하나님 나라의 관점에서 보면 통치제도는 타락이 없었어도 인간사회에 존속해 왔을 것이다. 하나님은 처음 위임 통치권이 인간사회가 유지되도록 사용되게 섭리하셨다. 이 통치권의 활용으로 인간사회가 무법천지, 무정부 상태가 안 되고 법과 질서가 서는 사회가 되어 인간 각자가 자기의 일을 하며 살 수 있게 하셨다.[81] 국가가 인간의 육체적, 정신적 모든 활동이 전개될 수 있는 기반이 되므로, 모든 문화 활동이 개진될 수 있게 되었다.[82]

아브라함 카이퍼의 주장처럼 국가는 일반은총의 역사로 주어졌다. 일반은총의 역사로 주어진 국가의 의무에 대해 서철원은 크게 두 가지로 언급하고 있다. 첫째는 죄악이 억제되고 폭력이 멈추어지므로 질서가 서고 평화가 서므로 하나님의 창조 세계가 탐구되고 연구되어 계발되게 하셨다. 자연의 이치와 법칙과 아름다움이 탐구되고 계발되어 표현되게 하는 것이다.[83] 두 번째는 하나님께서는 그의 나라를 세우시기 위하여 국가들이 세워지게 하셨다. 즉, 인류를 구원하여 자기 백성들을 살게 하기 위하여 국가가 이루어지게 하셨다.[84] 국가통치권을 하나님께서 세우시고 발동되게 하심은 그리스도의 구속의 기반을 마련하고 그 구속이 적용, 집행되게 하려 하심이다. 하나님께서 인류와 관여하시는 사역의 궁극적 목적은 예수 그리스도를 통하여 인류를 구원하시는 것이다.[85]

이 일을 위하여 국가는 하나님으로부터 권한을 받은 것이다. 그러므로 권세들인 국가에 굴복하는 것은 성경적인 가르침이다.(삼하 12:7, 렘 27:5-7) 이러한 국가에 부여된 권한은 "하나님의 사자"와 "하나님의 칼"의 의미에서 살펴 볼 수 있다. 즉 하나님의 사자는 자기에게 부여된 임무를 수행하는 종이다. 또한 칼의 의미는 정의와 연관된 단어이다. 루터는 칼은 온 세상에 대하여 평화를 유지하고 죄를 벌하며 악을 방지하기 위하여 매우 유익하고 필요한 것이라고 하였다.[86] 어거스틴이 그의 신국론에서 강조했듯이 국가가 사회정의를 결여하면 강제에 의한 비적(匪賊)들의 결사요, 공화국이 아니며, 그 경우 결코 공화국이라 불리울 수 없다고 하였다.

국가는 정의를 세우며, 악을 저지하고 나아가서 하나님의 나라를 이루어 가는 일에 최선을 다하여야 한다. 그렇지 않다면 국가는 그 책임을 포기하는 것이고 권한을 박탈당하여야 한다.

국가의 한계

앞서 보았듯이 "하나님 사자"와 "하나님의 칼"이 국가에 부여된 두 가지 권한이다. 그러나 이렇게 부여된 권한은 무한정한 것이 아니다. 국가 역시 하나님의 뜻에 굴복하여야 한다. 그런 의미에서 국가 역시 자신의 한계를 가지고 있다. 국가가 가지고 있는 한계는 그에게 부여된 역할을 감당하지 못하였을 때 저항을 받을 수 있다는 것이다. 자신에게 부여된 사명을 감당하지 못하면 스스로 하나님 앞에서 저주를 받게 될 것이다. 만약에 국가가 상전이 되고 폭군이 되는 순간 국가를 있게 하신

그리스도인의 정치 색깔

하나님의 법에 불순종하는 것이다. 그러므로 국가 자체가 벌을 받아야 한다. 그 형벌의 형태는 정부가 전복되고 롬 13:1-7의 교훈에 따라 예비 된 정부가 들어서는 것이다. 결국 국가의 한계는 하나님의 뜻 안에서 그에게 부여된 역할을 하는 것이다. 그것을 넘어서는 순간 국가는 존재의 가치를 상실하는 것이다.

이에 대하여 프란시스 쉐퍼는 아주 분명한 어조로 말한다. "국가의 권위가 하나님으로부터 주어졌다면 다음의 문제가 따라온다. 즉, 하나님이 국가에 권위를 주셨다면 그 국가는 자율적입니까? 우리는 그 국가가 불의하여도 무조건 복종해야 합니까?"[87] 쉐퍼는 이에 대하여 분명한 어조로 아니라고 대답한다. 왜냐하면 국가 역시 삶의 모든 영역들과 마찬가지로 하나님의 법아래 있기 때문이다."[88]

쉐퍼는 로마서 13장 1~4절의 말씀을 통하여 하나님께서 자율적인 권위가 아닌 대리자로서 권한을 국가에 주셨다고 말한다. 즉, 국가는 정의를 실현하는 대표자가 되어야 하며, 그릇 행하는 사람에게 징벌함으로써 악을 견제하고 사회 안에서 선을 보호하는 기능을 가지고 있어야 하며, 이러한 직무를 감당하지 못할 때는 참된 권한을 얻지 못하게 된다고 하였다.[89] 이것이 바로 국가의 한계이다. 이 선을 넘는 것은 국가의 지위를 스스로 허무는 것과 같다. 특히 국가의 폭정에 대하여 강력하게 도전한 사무엘 러더포드의 말은 국가의 한계가 무엇인지 분명하게 보여 준다.

"첫째는 모든 폭정은 마귀에게서 온 것이며, 그것에 저항하지 않는 것은 하나님께 저항하는 것이다. 둘째로 통치자는 조건부로 권력을 얻은 것이므로 그 조건이 제대로 지켜지지 않을 때 그 권력을 국민이 빼앗을 수가 있다."[90]

7. 국가에 대한 정직한 자세

이제 결론적으로 국가에 대한 우리의 자세에 대하여 살펴보고자 한다. 국가에 대한 성경의 가르침은 교회사의 흐름 가운데서도 변하지 않고 진행되었다. 교회사의 흐름은 예수의 가르침에 충실하게 따르려고 참으로 노력한 흔적이라 할 수 있다. 오스카 쿨만은 그의 신약 연구를 통하여 국가에 대한 이중성을 살펴보았다. 이러한 관점을 통하여 그는 국가에 대한 교회의 임무 혹은 그리스도인의 임무에 대하여 다음과 같은 결론을 내렸다.

국가에 대한 교회의 자세

"국가에 관한 교회의 임무는 언제나 제기되었듯이 다음과 같이 분명하다. 첫째로, 교회는 국가에게 그것의 존재를 위해 필요한 모든 것을 충실히 바쳐야 한다. 교회는 자신의 지위 내에서 무정부 상태와 모든 열심당주의를 반대해야 한다. 둘째로, 교회는 마땅히 국가에 대한 야경꾼의 임무를 완수해야한다. 셋

그리스도인의 정치 색깔

째로, 교회는 종교-이데올로기적 월권의 범위에 있는 국가의 어떠한 요구라도 반대해야 하며, 아울러 그 요구가 한계를 넘어서는 국가를 반드시 부정해야 한다. 교회는 설교를 통해서 이 월권이야말로 하나님에 대한 적대 행위임을 용감하게 말해야 한다."[91]

국가에 대하여 교회가 할 일이 무엇인지 분별력이 없으면 국가도 망하고 교회도 망하는 길에 서는 것이다. 특별히 교회는 이러한 위치에 바로 서 있어야 한다. "교회가 국가의 자리를 차지하려고 하거나, 아니면 국가가 그것이 하는 모든 일에서 전혀 아무 문제도 없다는 듯이 무비판적으로 받아들여지는 두 경우 모두에 교회는 동일한 잘못을 저지르는 것인데, 이는 종말에 대한 신약적 해석을 포기하는 것이다."[92] "또한 국가가 공권력을 바로 행사하여 정의로운 사회를 이루면 교회는 국가의 공권력 행사에 순종해야 한다. 교회가 국가의 법질서에 치외법권자로 결코 서는 것이 아니다. 교회 구성원들도 국가가 공권력을 발동하여 국방과 기타 국민의 생존권을 위해 부과하는 모든 의무를 다 수행해야 한다. 면책 특권을 요구함은 교회와 국가의 한계를 혼동하는데서 발생하는 착오이다. 그러므로 납세와 국방, 법 준수의 의무 등을 다 성실히 수행해야 한다."[93]

국가에 대한 그리스도인의 자세

국가에 대한 그리스도인의 자세에 대하여 왜곡된 시각을 가

4장 | 하나님 나라와 국가

져서는 안 된다. 역사적으로 이러한 오해를 한 이들이 있었다. 하나는 재세례파와 열광주의자들이 가지고 있었던 생각으로 정부는 이 세상의 신을 대표하므로 전적으로 정당하지 못한 불법적인 존재이며 그리스도인은 그것과 아무런 관계가 없다는 것이다. 두 번째는 에라스무스주의자로 국가는 가장 거룩하게 제정된 신적인 기구로서 그리스도인들은 그것에 절대적으로 순종해야 한다는 입장이다. 그러나 이러한 관점에 대하여 롬 13장은 오류라고 분명하게 말하고 있다. 앞서 언급하였듯이 국가는 원칙적으로 하나님께서 제정하신 정당한 제도이다. 하지만 그의 종으로서 시민의 삶 속에서 정의를 증진시킬 목적으로 제정된 것이다. 롬 13장이 가르치는 것은 국가는 하나님이 제정하신 제도임을 분명하게 보여 주고 있다고 할 수 있다.

그러므로 칼빈은 국가와 정치를 거부하는 것은 인간성을 박탈하는 것과 마찬가지로 보았다. 그래서 재세례파들이 정부를 철폐하려고 시도했을 때 칼빈은 그것을 '천인공노할 야만'이라고 공격했다. 정치는 더러운 것이기 때문에 그리스도인들과는 무관하며 그리스도인들이 순수성을 지키기 위해서 정치를 멀리해야 한다는 생각은 칼빈에게는 한낱 '광신'일 뿐이었다.[94] 우리는 국가에 대한 협력이 얼마나 중요하고 성경이 그것을 명백하게 가르치고 명령하고 있음을 알아야 한다. 그러나 그러한 국가가 비인간적이거나 하나님의 거룩한 법을 어기는 행위를 한다면 정부는 하나님을 대적하는 것이다. 이에 성도는 이러한 불의한 국가에 대하여 하나님의 공의를 선포하여야 하는 것이

그리스도인의 정치 색깔

다. 이것이 국가 권력에 대한 성경의 가르침이다. 결론적으로
다음 여덟 가지의 입장을 개진한다.

① 우리는 그리스도인으로서 국가와 위에 있는 권세들에게 복
  종해야 한다.
② 그리스도인으로서 우리가 국가와 그 법의 보호를 받는 것
  은 정당한 권리이다.
③ 그리스도인은 그 어떤 형태의 국가도 자랑해서는 안 된다.
④ 그리스도인은 국가로부터 너무 많은 것을 기대하지 않아
  야 한다.
⑤ 우리의 국가관이 어떠하든 다른 그리스도인들과의 관계에
  영향을 미쳐서는 안 된다.
⑥ 불의한 국가에 대하여 교회와 그리스도인은 침묵을 지켜서
  는 안 되고 선지자적 사명을 감당하여 국가가 바른 길로 가
  도록 외치고 저항하여야 한다.
⑦ 그리스도인은 국가를 위한 직분을 합당하게 여기고 최선을
  다하여 섬겨야 한다.
⑧ 국가의 위정자들을 위해 기도하며 그들을 존중하고 법에
  합당하게 국가가 부과한 의무를 다하고 양심을 위하여 그
  들의 합법적 명령에 순종하여야 한다.

8. 바른 분별력

지금까지 국가에 대한 성경의 가르침과 교회사 가운데 나타난 국가에 대한 가르침을 살펴 보았다. 이러한 가르침에 대하여 웨스트민스터 신앙고백서는 잘 요약하고 있다.[95] 그리스도인은 두 왕국의 삶을 사는 자이다. 이 땅의 삶은 영원한 것이 아니다. 우리는 영원한 삶을 소망하며 살아가는 자이다. 그러므로 그리스도인은 영적인 나그네라고 말하는 것이다.

영적인 나그네로서 그리스도인은 이 땅이 삶의 목적이 아니지만 이 땅을 주신 하나님의 명령을 따라 살아가는 존재이다. 우리는 이 땅에 보냄을 받은 존재이다. 이 땅이 하나님의 법을 떠나 죄악의 법을 따라가고 있지만 하나님은 이 땅을 회복하시기 위하여 일을 하셨다. 그리고 지금도 그 일을 하고 계신다. 이렇듯 우리는 이 땅에서 주어진 최선의 삶을 살아야 하는 것이다.

지상의 나라는 하나님의 지혜를 탐구하고 하나님께 영광을 돌리기 위한 장소이다. 그러기에 이 장소를 아름답게 유지하기 위하여 주신 국가제도와 권세자들에 대한 바른 태도를 가지고 있어야 하는 것이다. 국가는 하나님의 선물이다. 그러므로 하나님의 뜻에 따라 선용되어야 하는 것이다. 그렇지 않다면 하나님의 법을 어기는 것이 된다. 국가는 정의를 드러내고 약자를 보호하며 악을 억제하고 하나님의 뜻을 드러내는 일에 쓰임을 받아야 한다. 이것이 국가가 할 일인 것이다.

그리스도인은 국가를 무시하거나 혹은 신성시해서는 안 될 것이다. 이 두 가지는 다 하나님의 뜻을 어기는 것이다. 그리스도인은 국가의 질서에 순종하는 것이 원칙이다. 그리고 국가의 각 기관에 들어가서 국가를 움직이는 일을 하여야 한다. 여기에는 입법부, 사법부, 행정부가 다 포함된다. 국가의 움직임에 최선을 다하여 참여하는 것이 성경의 가르침이며 교회사의 증언이며 신앙고백서의 고백이다. 특별히 정치의 영역에 하나님의 사람들이 무장되어 진출하는 것이 국가를 세워나가는 데 있어서 참으로 중요하다. 성경적 세계관에 입각한 위정자들이 많이 배출되어야 한다. 그래야 하나님의 거룩하신 뜻이 이루어지는 것이다.

또한 국가의 불의에 대하여 명백한 자세를 갖는 것이 중요하다. 국가의 폭정과 불의에 대하여 저항하지 않는다면 그것은 성경의 가르침을 어기는 죄를 범하는 것이다. 국가의 불의에 대하여 기독교인은 자신의 주어진 상황에서 저항하여야 한다. 이것이 국가를 바로 세우는 일이다. 그렇지 않고 자신의 이념에 빠져 국가의 불의에 눈 감는 것은 성경의 가르침과 공의를 무시하는 큰 죄를 짓는 것이다. 국가는 신적인 완벽한 조직이 아니다. 언제든지 부패할 수 있다. 그러므로 시민 불복종 운동과 같은 것이 필요하다. 국가가 하나님의 자리를 차지하려고 할 때 그리스도인은 그러한 국가를 제지하여야 한다. 이것이 성경이 가르치는 것이다.

5장 | 시민 불복종 운동

"입장료를 낼 수 없다."

지리산 노고단을 가다보면 꼭 만나는 곳이 있다. 성삼재를 지나가는 곳에서 만나는 천은사라는 사찰이다. 그런데 이곳에서 지리산 입구로 들어가는 차마다 입장료를 받는 것이다. 전혀 사찰과 관계 없어도 문화재 보호 측면에서 입장료를 받는 것이다. 그래서 사찰에 갈 이유가 없기에 입장료를 내지 않겠다고 하였다. 결국 실랑이가 벌어졌고 뒤에 오는 사람들은 바쁜데 그냥 가라고 빵빵 거렸다. 그래도 도저히 이해 할 수가 없었다. 사찰은 도로에서 멀고 지리산은 국립공원 입장료를 따로 낸다. 그런데 전혀 들르지도 않는 사찰에 입장료를 내는 것

그리스도인의 정치 색깔

은 정말 불합리하였다. 사찰 입구에서 들어오는 사람에게 받는 것은 합당하지만 사찰과 관계없이 들어가는 사람에게 통행세를 받는 것은 합당하지 않았다. 이것은 불교를 폄하하는 것이 아니다. 물론 사찰 입장에서는 이유가 있다. 천은사는 국립공원 내에 있는 유적지라 마음대로 유지보수 할 수가 없다. 그러니 입장료 징수를 요구 한 것이라 볼 수 있다. 그러나 명동성당도 사적지이다. 그러나 통행세를 받지 않는다. 형평상 합당하지 않다. 이것은 정부가 합리적인 방법을 사용하지 않은 것에 그 요인이 있었다.

그런데 합리적이지 않더라도 법이니까 내라고 한 것이다. 당시에는 법으로 정해진 것인 줄 알았기에 정말 황당하였다. 그러나 불합리한 법에 동의할 수 없었다. 다행히 이 문제가 법원에서 불법으로 판결을 받고 정부가 불교계와의 논의로 잘 해결되어서 다행이지만 많은 생각을 하게 하였던 경험이다.[96]

과연 국가가 정한 법이라고 무조건 따르는 것이 옳은가? 아니면 불복종하고 시정하는 것이 옳은가? 사실 불복종 운동은 그 뉘앙스가 진보적으로 다가온다. 그래서 보수적인 사람들은 이러한 외침에 함께하지 않는다. 특별히 우리나라와 같이 남북이 분단된 나라에서는 불복종 운동은 반정부가 아니라 반국가적인 모습으로까지 비쳐지곤 한다. 그래서 정치권은 끊임없이 "안보와 안정"을 내세우는 것이다. 사실상 이것이 한국의 현대역사이다. 그러나 깨어있는 지식인들을 중심으로 불복종 운동은 지속되었고 오늘의 시점에서야 비로소 불복종 운동은 시민

운동으로 그 힘을 얻고 있다.

일반적인 입장에서 시민 불복종 운동은 그리스도인들에게 매우 껄끄러운 주제이다. 하지만 피할 수 없다. 시민 불복종이 성경과 교회사의 증거를 가지고 있지 않다면 우리는 멈춰야 한다. 하지만 성경과 교회사는 불의한 법과 정부에 대한 불복종을 반대한 적이 없다. 다만 그 색깔이 다를 뿐 불복종은 성경과 교회사의 지지를 받았다. 이제 그리스도인에게 있어서 부담이 되지만 바르게 알아야 할 시민 불복종 운동을 진지하게 고민하기를 바란다.

1. 시민 불복종이란?

시민 불복종 운동은 사회적으로 강력한 효능을 지닌 형태로서 기존 사회질서를 따르지 않거나 선택적으로 따름으로써 공의를 추구하는 방법이다. 그래서 이를 전략적인 비협조운동이라 한다. 전략적인 비협조에 대한 정치적 이론은, 어떤 조직 내에서 사람들이 권력을 행사할 수 있는 것은 그 사회에 소속된 구성원들의 동의가 있어야만 가능하다는 사실에서 출발한다. 우리는 이를 가리켜 "정당성이 인정되는 권력 혹은 권위"라고 부른다.[97]

전략적인 비협조 이론에 의하면 권력이 자유의사에 의해 부여된 것이라면 또한 자유의사에 의해 거부될 수 있다. 프랑스의 16세기 수필가였던 보에띠는, 폭군이란 "당신이 그에게 당

그리스도인의 정치 색깔

신을 파괴할 수 있는 특권을 부여한 것을 제외한다면 그도 그 사회의 여타 일반인들과 전혀 다를 바 없는 사람"이라고 하였다.[98]

특별히 그리스도인들에게 있어서 전략적 비협조인 시민 불복종 운동이 중요한 이유는 국가가 하나님의 자리를 차지 할 수 있기 때문이다. 국가의 권력과 힘이 자율적인 존재가 된다면 그 파괴력은 상상을 초월한다. 즉, 시민 불복종과 같은 한계선이 없었다면 국가는 자율적이 되었을 테고 살아계신 하나님의 자리를 차지했을 것이다.[99] 이러한 의미에서 시민 불복종 운동은 시민 사회를 형성하는데 있어서 매우 중요한 운동이라 할 수 있다. 더구나 전략적인 비협조운동인 시민 불복종 운동의 매력은, 폭력을 사용하지 않고도 상황을 바로잡을 수 있다는 점이다.[100]

이 전략에 있어서 실제적으로 가장 중요한 점은 폭력을 행사하지 않아야 한다는 사실이다. 그리고 목표로 삼은 대상이 비윤리적이라는 사실을 드러내는 일이 중요하다. 비협조운동에 가담하는 사람들은, 그들이 반대하는 기관보다 자신들의 입장이 훨씬 더 윤리적이라는 점을 대중들에게 보여주어야만 한다.[101] 결국 시민 불복종 운동의 목적은 어떤 법이 집행되는 것을 막는 것이며, 그 법의 부당성을 대중의 문제로 부각시키는 것이다. 그러므로 법과 국가 권력에 대한 이해는 시민 불복종 운동에 있어서 매우 중요한 기초가 된다. 시민 불복종 운동은 잘못된 법과 정부에 대한 항거이기 때문이다.

2. 법이란 무엇인가?

법(法)은 질서를 유지하고 정의를 실현함을 직접 목적으로 하고 국가의 강제력을 수반하는 사회 규범을 말한다.[102] 법은 정의를 실현하기 위하여 존재한다. 정의에 대한 이해는 철학적인 문제가 아니라 상식적인 문제이다. 모든 사람을 공정하게 대하고, 사람의 양심을 존중해 주고, 사회적인 거래에 있어서 불의가 존재하지 않게 하는 것이다. 그러한 법이라면 누구라도 복종할 것이며 그러한 나라는 멋진 곳이 될 것이다.

그러나 현실에서는 "무전유죄 유전무죄"라는 말이 공공연한 사실로 받아들여지고 있다. 국가와 사회에 말로 할 수 없는 범죄를 저질렀어도 재벌기업 회장들은 구속도 면하고, 쉽게 집행유예를 선고 받고, 얼마 되지 않아 사면과 복권이 이루어지는 것을 본다. 이러한 법에 대하여 과연 누가 정의롭다고 할 수 있을까?

헨리 데이빗 소로우는 "우리는 먼저 인간이어야 하고, 그 다음에 국민이어야 하며, 법에 대한 존경심보다는 먼저 정의에 대한 존경심을 기르는 것이 바람직하다."고 하였다.[103] 법에 대한 존경심을 가지게 하려면 법이 철저하게 공의로워야 한다. 하나님은 이스라엘을 다스리기 위하여 지도자를 세울 때 가장 중요한 원칙이 바로 "재판에 대한 정의"였다. 하나님이 통치하시는 나라의 핵심적인 원리가 바로 "정의와 공의"이다.[104] 하나님이 원하시는 것이 정의임을 명백히 드러내셨다.

그리스도인의 정치 색깔

"사람아 주께서 선한 것이 무엇임을 네게 보이셨나니 여호와께
서 네게 구하시는 것이 오직 공의를 행하며 인자를 사랑하며 겸
손히 네 하나님과 함께 행하는 것이 아니냐"(미 6:8)

하나님이 기뻐하시는 것은 바로 정의로운 판결이다. 하나님
의 법의 우선성은 바로 "정의"에 있다. 이스라엘의 지도자들에
게 요구된 것은 법의 권력이 아니라 법의 정의였다.

"너희는 재판할 때에 불의를 행하지 말며 가난한 자의 편을 들
지 말며 세력 있는 자라고 두둔하지 말고 공의로 사람을 재판
할지며"(레 19:15)

이것은 예수님의 성품에서도 분명하게 나타난다. 백성을 구
할 메시야로 오실 예수님에 대한 이사야 선지자의 예언은 하나
님의 뜻이 무엇인지 분명하게 알 수 있다.

"내가 붙드는 나의 종, 내 마음에 기뻐하는 나의 택한 사람을 보
라 내가 나의 신을 그에게 주었은즉 그가 이방에 공의를 베풀
리라"(사 42:1)

하나님이 기뻐하시는 것은 바로 "정의"이다. 그러므로 법이
가지고 있어야 할 가장 중요한 가치는 "정의"이다. 법이 정의를
바르게 드러낼 때 법이 사람을 살리는 일을 한다. 그렇지 않다

면 그 법은 가치가 없다. 가치가 없는 법은 폐기처분해야 한다.

영국의 법학자로서 『영국 법에 관한 주해서』라고 불리는 유명한 책의 저자인 블랙스톤(W. Blackstone, 1723-1780)은 법은 자연과 계시의 두 기초위에 세워진다고 하였다.[105] 그리고 "훌륭한 법은 단지 성경에서만 볼 수 있다."고 하였다.[106] 이 말은 견고한 기준 위에 세워진 법만이 가장 정의로운 법이 될 수 있음을 강조하는 것이다. 역사 가운데 하나님의 법에 따라 살면서 위대한 개혁을 이루어 낸 이들이 많이 있다. 그 중 한 사람이 있다면 윌리엄 윌버포스일 것이다. 그는 영국의 노예무역 법에 저항하여 싸웠고 마침내 승리함으로 노예제도를 없애는 위대한 일에 공헌하였다.

당시 윌버포스는 대국회 논쟁에서 반대자들을 향해 이렇게 항변했다. "영국이 진정으로 위대한 나라가 되고자 한다면 하나님의 법을 지켜야 하는데, 노예제도는 분명 하나님을 자극하는 일이다. 기독교 국가를 자처하는 영국이 황금에 눈이 어두워 노예 제도를 용인하고 있다니, 이러고도 오래 살아남은 제국은 역사에 없었다."[107]

결국 법에 대한 성경적 관점은 의로운 법을 지키고 불의한 법에 저항하는 것이다. 하나님은 변함이 없고, 공의로우시며 영원하신 분이다. 그러므로 법의 기초가 하나님 안에 있을 때 법은 선하고 아름다운 것이다. 하지만 오늘날 이러한 법의 기초는 존재하지 않는다. 더 이상 성경과 계시가 법의 기초가 아니다. 오늘날의 법은 철저하게 사회학적 법 이론에 사로잡혀

그리스도인의 정치 색깔

있다.

　"기독교적 세계관에 의한 법정신은 이제 완전히 사라져 버렸습니다. 우리는 세속화된 사회와 세속화된 사회학적 법에 의해 살고 있습니다. 사회학적 법이란 어떤 사람들의 특정한 집단이 그 당시 사회에 유익하다고 생각되는 것을 법의 기초로 결정하는 법을 말합니다. 이것을 말하는 사람은 저 혼자가 아닙니다. 홈즈(D. W. Holmes, The Common Law의 저자)는 이 사회학적 법이론이 그의 입장이라고 말합니다. 빈손(F. M. Vinson, 1890-1953, 전 대법원장)도 이것이 그의 입장이라고 말했습니다."[108]

　우리 시대의 법은 다수의 결정에 의하여 이루어지게 되었다. 이러한 사회학적인 법의 독단적인 형태는 우리의 삶에 직접적인 영향을 주었다. 그 가운데 하나가 바로 미국에서 합헌으로 결정된 '낙태'에 대한 판결이다. 이러한 결정은 플레처(J. Fletcher)가 말한 상황윤리와 그 맥을 같이한다.[109] 미국의 법원은 다수가 원하는 것이 곧 법이라고 선언하였다. 태아의 인권은 아무 가치가 없었다. 생명의 존엄성도 사라졌다. 중요한 것은 다수의 의견이다. 자연과 계시의 영역에서 사라진 법은 이제 51%의 지지와 절대 다수의 취향에 따라 날개를 달고 날아가는 것이다.[110]

　법의 기초가 하나님의 자리에서 사람의 자리로 내려왔고,

이제 다수의 의견으로 결정 된다. 중요한 것은 정의의 문제가 다수의 선택으로 옮겨진 것이다. 이제 다수가 원한다면 어떠한 것도 가결될 수 있는 상황이 되어버렸다. 이것은 민주주의를 채택하고 있는 모든 나라의 현실이다. 우리나라도 다수의 헌법재판관의 결정이 법이 된다. 이것은 지금은 낙태가 불법이지만 합법이 될 날도 올 수 있음을 의미한다. 동성결혼에 대한 합법도 가까이 다가오고 있다. 이미 우리는 기독교 사학에서 기독교를 가르치면 안 된다는 판결을 가지고 있다. 이전에 생각지 못했던 현실이 눈앞에 가까이 온 것이다. 법이 자율적인 기초를 가지자 시대의 변화에 따라 법의 가치도 언제든지 변하게 된 것이다. 물론 변해야 하는 것도 있다. 하지만 변하지 말아야 할 것도 있다. 그런데 사회학적 법의 시대에서는 변하지 않을 것이 하나도 없다. 이제 영아 살해, 안락사, 장기 매매 등 생각하기도 끔찍한 일들이 합법의 이름으로 우리 앞에 나타날 수 있다.

이러한 법은 분명 성경의 가르침과 명백하게 충돌한다. 그래도 법이 그렇게 정하여졌다면 따를 것인가? 아니면 그 법을 개정하려고 노력하면서 개정에 성공할 때까지는 그 법을 준수할 것인가? 아니면 당장이라도 그 법에 저항 할 것인가? 일반적으로 사람들은 그 법을 개정할 때까지 기다려야 한다고 생각한다.[111] 하지만 문제는 개정할 때까지 하나님을 향하여 불의를 행하라고 한다면 어떻게 할 것인가? 기다릴 수 없다. 지금 생명이 죽어 가는데 행동하지 않는 것은 방조의 죄다. 만약 아이

그리스도인의 정치 색깔

를 죽이라는 바로의 명령에 히브리 산파들이 저항하지 않았다면 이스라엘의 수 많은 영아들은 죽었고 모세도 세상에 나오지 못했을 것이다.(출 1:15-2:2) 그러므로 불의한 법의 모습에 대하여 나팔을 불어야 하며 또한 이러한 법이 옳지 못하다면 불복종해야 한다.[112] 법은 자율적이며 절대 다수의 의견이 아니다. 그리스도인에게 있어서 법의 기초는 "성경"이다.

그리스도인은 누구보다 공의의 기초를 소유하고 있다. 공의를 무기력하게 하는 불의의 법에 대하여 적극적으로 저항하는 것이 성경의 가르침으로 따르는 것이다. 여기에 그리스도인들의 책임이 있다. 그리스도인들이 정치에 무관심하면 안되는 이유이다. 이것은 정치를 업으로 삼으라는 것이 아니다. 정치에 관심을 가지고 기도하며 행동해야 한다는 의미이다.

3. 국가 권력

이 부분에 있어서는 4장 "하나님 나라와 국가" 부분에서 충분하게 다루었다. 그래서 반복되는 느낌을 받을 수 있다. 여기서는 불복종이 가능한 이유에 대하여 짧게 살펴 볼 것이다. 국가에 대한 복종이 하나님의 법 아래에서 양심에 따라 감당해야 한다면, 하나님의 법을 떠난 국가에 대하여 우리는 어떠한 자세를 가져야 하는가? 이 문제는 누구에게나 결코 쉬운 문제가 아니다.

이 문제에 대한 정직한 답을 제시한 이가 바로 프란시스 쉐퍼이다. 그는 1981년에 복음주의 교회에 떨어진 폭탄[113]과도 같은 책을 저술하였다. 이 책은 그리스도인으로 하여금 독재정부에 저항하든지 아니면 그들을 너그럽게 용서하든지 둘 중의 하나를 선택하라고 한 『기독교 선언』(Christian Manifesto)(1981)이었다. 프란시스 쉐퍼는 불법의 정부에 대하여 불복종하는 것은 성경적이고 역사적인 가르침으로 보았다. 전통적으로 한국 교회는 로마서 13장의 내용을 근거로 정부에 대한 복종은 하나님이 기뻐하시는 것이라고 생각하고 있다. 이러한 견해로 인하여 정부의 불합리한 법 집행에 대해서도 교회는 언제나 침묵으로 일관하였다. 하지만 이러한 견해는 이미 살펴본 대로 합당하지 않다.

국가의 권위는 자율적인 권위가 아니고 대리자로서의 권위만을 가지고 있다. 더구나 이 권위는 스스로 얻은 것이 아니라 하나님께로부터 받은 것이다. 그러므로 국가가 대리자로서의 권한을 월권하여 독재적이고 자율적인 기능을 할 때 그리스도인이 침묵하거나 복종하는 것은 결코 합당하지 않다.

그런 의미에서 초대 교회의 성도들은 대표적인 시민 불복종 운동의 모델이다. 초대 교회 성도들은 로마 제국 시대에 사자 굴에 던짐을 당했다. 많은 성도들이 무자비한 정부의 권력 앞에 순교하였다. 왜 그랬을까? 기독교 입장에서 보면 그것은 신앙적인 이유이다. 그러나 로마제국의 입장에서 보면 그것은 시민의 저항이며, 시민의 반역이었다.[114] 우린 나라의 역사에서도 이와 같은 것을 볼 수 있다. 신사참배를 반대한 것은 기독교의 입장에서는 신앙행위이지만 일본의 입장에서는 반역이었다. 그러므로 많은 성도들이 부당하게 죄인으로 몰려 감옥에 끌려 가거나 죽임을 당했던 것이다.

그리스도인들은 초대 교회처럼 국가가 명하는 것이 하나님의 율법에 어긋날 때 국가에 불복종해 왔으며, 특히 종교개혁이 일어나는 곳마다 민중의 저항과 피 흘리는 거역이 있었다.[115] 이러한 시민 불복종에 대하여 스코틀랜드의 언약도이며 대 신학자인 사무엘 러더포드는 『왕과 법』에서 잘 밝히고 있다. 17세기 특유의 "왕의 천부인권" 즉, 왕이나 국가가 하나님의 사신으로 권한을 부여 받았기 때문에 왕의 말이 법이라는 사상을 공격하였다. 모든 인간은 왕이라 할지라도 법의 지배 아래 있으며, 그 위에 군림 할 수 없다고 주장했다.[116] 국가는 하나님이 친히 세우신 것이므로 하나님의 법에 위배되는 국가 행위는 불법이며 폭정이라[117]고 주장했다. 또한 폭군 정부란 비도덕적인 것이라고 못 박았다.[118] 또한 그는 위법적인 정부에 항거할 권리와 의무를 규정하는 몇 가지 관점을 제시하였다.

"첫째는 모든 폭정은 마귀에게서 온 것이며, 그것에 저항하지 않는 것은 하나님께 저항하는 것이다. 둘째로 통치자는 조건부로 권력을 얻은 것이므로 그 조건이 제대로 지켜지지 않을 때 그 권력을 국민이 빼앗을 수가 있다."[119]

폭력적인 정부에 불순종하는 것은 합당하다. 오늘날의 행정부에 대하여 성경에 위배되는 것들이 있다면 당연히 불복종해야 한다. 즉, 한 통치자가 국민에 대해 단 한 가지의 잘못을 범했다고 해서 그것으로 그를 저버리는 것이 아니다. 하지만 그런 식의 행정 정책이 계속되어 그 나라의 정치체제가 무너지게될 위험이 있을 때 그런 때는 그의 권력과 세력을 빼앗아야 된다는 것이다.[120] 불법은 결코 하나님으로부터 나온 것이라 볼수 없다. 그러므로 불법의 정부를 용인하는 것은 합당하지 않다. 시민들은 부당하게 폭정을 시행하는 정부에 거역할 윤리적의무를 가지고 있으며, 언제나 통치자의 직책에 복종해야 하지만 성경에 어긋나는 것을 명령하는 직책에 있는 사람에게는복종할 필요가 없다.[121]

불의한 법과 권력에 저항하는 것은 매우 어렵다. 하지만 그결과는 반드시 변화를 가져 온다. 비록 시작이 아무리 작은 듯이 보여도 그것은 문제가 되지 않는다. 왜냐하면 한번 행해진옳은 일은 영원히 행해지기 때문이다.[122] 그러므로 비도덕적이고 불의한 정권에 불복종하는 것은 성경의 가르침에 충실하는것이라는 점을 기억해야 한다.

4. 시민 불복종의 실제

한국 역사에 있어서 가장 불행한 일은 바로 "유신헌법"이다.정권을 연장하기 위하여 제정된 이 법으로 많은 이들이 고통을 당하였다. 그 가운데 "인혁당 사건"이 있다. 1974년 중앙정

그리스도인의 정치 색깔

보부가 '민청학련'의 배후세력으로 '인혁당 재건위'를 지목한 뒤 대법원의 확정판결이 난 지 20시간 만에 관련자 8명을 사형시킨 사건이다. 결국 이 사건은 정권 연장을 위하여 국가권력을 무자비하게 사용한 불행한 역사이다. 결국 이들의 진실은 재심을 통하여 무죄 판결을 받았다. 하지만 그 영혼은 되돌릴 수 없는 슬픈 역사다.

한국 사회에 민주화가 이루어지기까지 많은 사람들이 고초를 당하였다. "사람 하나라도 부당하게 거두는 정부 밑에서 의로운 사람이 진정 있을 곳은 역시 감옥이다."는 말이 실감나듯 많은 이들이 감옥에서 고초를 당하였다. 이 모두가 불의한 권력에 대한 저항이었다. 사실 국가의 불합리에 대하여 저항하는 시민 불복종은 매우 폭 넓다. 단순히 항거하는 것에서 시작하여 무력 사용까지 허용하고 있다. 복음주의 대학인 휘튼 대학의 기독교 윤리학자인 스티븐 모트는 이 문제에 대하여 아주 의미 있는 말을 하였다.

"힘이 사회적인 불의를 일으키는 데 사용될 때는 비난받게 된다. 그러나 불의를 극복하기 위해서 무력이 정당하게 사용되는 것은 인정을 받는다. 어떤 상황에서는 압제받는 자들을 해방시키고 새로운 질서와 물질적인 복리를 증진하기 위해서 무장혁명이 요구된다."[123]

스티븐 모트의 말은 부담스럽게 들릴 수 있다. 사실 사람들은 어떠한 종류의 무력이라도 대단히 꺼려하고 있다. 무력저항은 엄청난 피해를 가져오기 때문이다. 그러므로 무력에 대하여 이야기 할 때는 반드시 프란시스 쉐퍼의 격언을 마음에 두어야 한다.

"저항이나 무력이 사용되기 전에 반드시 재구성을 위해 힘 써야 한다."[124]

이 말은 저항이나 무력과 같은 행위를 옹호하기에 앞서서 사회를 수정하고 재건하기 위해 최선의 노력을 다해야 함을 전제한다. 처절한 힘씀이 없는 무력저항은 정당성을 받지 못한다. 하지만 무력을 사용할 만한 타당한 근거를 가졌다면 어떤 시점에서는 무력을 사용하는 것이 허용된다.[125]

스티븐 모트는 이러한 혁명이 가능한 경우는 반드시 의로운 혁명이어야 함을 강조한다. 그리고 일곱 가지의 기준을 제시하였다.

"첫째, 대의명분이 정의로워야 한다.[126] 둘째, 최후의 수단이어야 한다. 셋째, 혁명은 합법적인 대중적 기구를 통해야 한다. 넷째, 성공에 대한 합당한 근거가 있어야 한다. 다섯째, 혁명을 통해 얻어질 선과 혁명의 부정적 영향 사이에 적절한 균형이 있어야 한다. 이것은 물론 국민의 절대 다수의 지지를 포함한다. 여섯째, 정당한 수단을 사용하고 정당한 절차를 따른 것이어야 한다. 마지막으로, 이와 같은 기독교적 정신은 지속적인 변혁의 필요성에 대한 인식을 일깨우고, 어떠한 혁명도 안정적이며 최종적으로 선한 국가를 건설할 수 없으며 또한 새로운 제도도 언제나 개선되어야 한다는 사실을 깨우쳐주어야 한다."[127]

그리스도인의 정치 색깔

무력에 대한 옹호를 한다고 해서 폭력이 난무하는 무정부의 형태를 결코 찬성하는 것은 아니다. 폭력은 어떠한 형태든지 결코 용납될 수 없다. 무력은 폭력과 분명히 구별되야 한다. 즉, 사회는 경찰력이 있어야 하며, 사람은 자기 아내를 강간당하는 것에서 구해 낼 권리가 있음을 인정해야 한다.[128] 특별히 타락된 세상에서는 언제나 어떠한 형태로든 무력이 필요하다. 그렇다고 무력사용에 대하여 적극적인 옹호를 하는 것은 결코 아니다.[129]

그러나 타락된 세상에서는 언제나 어떠한 형태로든 무력이 필요하다는 인식을 가지고 있다. 종교개혁의 정신을 따르는 개혁파 신학자들(존 칼빈, 존 낙스, 사무엘 러더포드, 프란시스 쉐퍼 등)의 견해를 보면 무력은 국가의 전유물이 아님을 말하고 있다. 물론 우리가 생각하는 무력의 한 형태는 1차적으로 저항의 모습으로서, 흔히 말하는 "비폭력 저항 운동"이다.[130] 지금은 항거할 수 있는 자유가 허용되어 있을 뿐 아니라 아직은 도피하거나 불복종할 단계는 아니기 때문에 비폭력 저항 운동이 불복종 운동의 1차적 형태이다.[131]

얼마 전 시민운동 단체를 통한 KBS 수신료 거부 운동이 있었다. 방송이 편파 보도를 한다는 이유였다. 수신료 거부를 통하여 KBS의 독립을 지키자는 의미이다. 이렇게 불의하다고 판단된 일에 세금을 거부하는 것도 일종의 1차적 의미의 저항이다. 사실 정부가 교회를 향하여 불의한 일을 요구 한다면 교회는 어떻게 해야 하겠는가? 순응할 것인가? 저항할 것인가? 우리의 역사는 순응하였다. 그런데 그것이 성경과 교회사의 가르침에 합당한 것인지 물어 보아야 한다. 우리는 어떠한 순간에도 성경이 무엇이라 말하는지 살펴야 한다. 성경은 국가의 권위를 무한정으로 허용하지 않는다. 어떤 국가 기관이라도 하나님의 법과 반대하는 것을 명령할 때 국가의 권위는 더 이상 존중 받을 수 없다. 그러므로 우리가 누리고 있는 삶과 사상 그리고 행동의 자유를 유지하기 위해서는 시민 저항의 한계선이 있어야 한다. 이에 프란시스 쉐퍼의 말을 들어보자.

"투쟁방법에 있어서 기독교적인 해결책만 사용하고 정치적인 면으로 투쟁하지 않는 것은 너무 이상주의에 치우치게 되는 반면, 기독교적인 해결책을 쓰지 않고 정치나 법적으로만 해보려는 것도 불완전하고 그릇된 생각입니다. 그 생각에 있어서만 불완전한 것이 아니라, 그 결과에 있어서도 그러합니다. 그리고 그것은 우리가 순종한다고 말하는 하나님 앞에서도 그릇된 것입니다. 성경에 나타난 해결책을 실행하지 않는다면 성경대로 사는 것이 못 됩니다. **적합한 정도의 시민 저항의 한계선을 지키지 않을 때는 국가가 그 권위를 팽창시켜 성경대로 살 수가 없게 됩니다.**"[132]

프란시스 쉐퍼는 우리가 누리고 있는 사고와 행동의 자유를 계속 누리기 위해서는 시민 저항의 한계선(Bottom Line)을 가지고 있어야 한다는 것을 분명히 했다. 그리고 이에 더 나아가서 2차적인 형태로 무력의 사용도 가능하다고 보았다. 그리스도인이 도피할 길이나 저항할 길이 막혀 버릴 때 자기 방어적

그리스도인의 정치 색깔

인 무력을 사용하는 것이 타당하다고 보았다.[133] 그렇다고 해서 국가의 원칙이 변해서는 안 된다.

국가의 존재 이유에 대하여 결코 무시하는 것이 아니다. 다만 국가가 존재하고 국가가 가지고 있는 권한 역시 합법적인 테두리 안에서는 합법적이다. 시민 불복종에 대하여 이상주의에만 머물지 않고 적극적으로 참여하는 것이 필요하다. 단순히 의견을 발표하는 것에 머물지 않고 행동으로 나가야 한다. 말만 하는 것은 결코 상황을 변화시킬 수 없다. 행동해야 할 때 행동하지 않으면 어떠한 변화도 주어지지 않는다. 그런 의미에서 투표에 적극 참여하는 것도 매우 중요하다. 투표는 아주 작은 행위이지만 때로는 큰 결과를 만들어 낸다.

"당신의 온몸으로 투표하라. 단지 한 조각의 종이가 아니라 당신의 영향력 전부를 던지라. 소수가 무력한 것은 다수에게 다소곳이 순응하고 있을 때이다."[134]

이것은 아주 적극적인 모습이다. 그러기에 작지만 큰일을 감당 할 수 있는 것이다. 작은 일에 행동으로 참여할 때 세상은 변화된다. 이 변화를 확신하였던 헨리 데이빗 소로우는 다음과 같이 일갈 하였다.

"나는 이것만을 알고 있다. 즉, 메사추세츠주 안에서 천 사람이, 아니 백 사람이, 아니 내가 이름을 댈 수 있는 열 사람(열 사람의 정직한 사람)이, 아니 단 한 명의 정직한 사람이라도 노예 소유하기를 그만두고 실제로 노예제도의 방조자의 입장에서 물러나며 그 때문에 형무소에 갇힌다면 미국에서 노예제도가 폐지되리라는 것을 말이다."[135]

정의로운 한 사람이 얼마나 중요한가를 잘 보여주는 확신이라 할 수 있다. 이렇듯 시민 불복종은 성경을 위배하는 것이 아니라 성경의 가르침을 충실하게 따르는 것이라 할 수 있다. 오늘날 이러한 시민 불복종이 바르게 가르쳐지지 못한 것은 성경에 대한 무지와 신학적 빈곤 때문이라 할 수 있다. 그리고 우매한 그리스도인을 만들려는 일부 종교 지도자들의 직무 유기에 기인한다. 불의함에 대하여 침묵하는 것은 불의에 동조하는 것 그 이상도 그 이하도 아니다.

5. 성경의 가르침에 충실해야 한다.

"실용적인 가치가 있는 것인가?"

진리에 대한 사회적 실현에 대하여 특별히 법과 정치적인 문제에 대한 접근을 염려하는 사람들은 '이러한 모습은 복음주의 그리스도인의 모습과는 구별되어야 하는 것이 아닌가? 사회 구조의 문제를 이러한 현실적 방법을 사용하지 않더라도 해결 할 수 있는 방법이 있지 않은가? 꼭 그리스도인들이 피켓을 들고, 현장에 뛰어들어서 행동하여야 하는가? 이것은 성경을 믿고 있는 복음주의적 그리스도인들에게는 맞지 않다. 하나님의 뜻이 이루어질 때까지 기다려야 하는 것이 더욱 복음적인 모습이다. 그리고 개인적이거나 시민적인 불복종 운동이 과연 우리에게 실용적인 가치가 있는 것인가?' 라는 의문을 갖는다.

물론 인간의 모든 구조가 완벽해지리라고 믿고 있지 않다. 완벽한 변화는 그리스도의 나라가 임할 때만이 가능한 것이다. 그러나 성경이 가르치고 있는 진리는 현실적인 것이다. 성경은 이상주의나, 낭만주의 그리고 현대의 사실주의와는 다른 인간의 딜레마에 대한 정직한 답을 가지고 있는 현실적인 진리이다. 그러기에 성경은 실제적인 문제를 다루고 있고, 우리가 어떻게 해결해야 하는지를 말해주고 있다.

만약 우리가 현실에서 인본주의 유물론적 세계관을 가진 자들이 하는 행태들을 보고만 있다면 1년에 150만명 이상이 되는 태아들이 죽어가는 그 아우성을 피할 자가 누구이겠는가? 현실의 문제에 행동하지 않으면서 시간이 되면 저절로 변할 것이라는 생각은 몽상에 불과하다. 타락된 세상에서는 단지 이상에 불과한 것이다.

그러나 이러한 분명한 인식 다음에 또 다른 한 가지 요소를 고려해야 한다. 그것은 바로 그리스도인들이 분명한 성경적 입장을 갖는 동시에 모든 가능한 대안을 갖고 실천해야 한다는 점이다. 대안이 없다면 우리의 노력은 허공에 맴도는 소리밖에 안되기 때문이다. 인본주의 세상을 향하여 우리의 기독교적인 대안이 예수님이 오시기까지는 완전하지 않지만 실제적인 치유책을 소유하고 있다는 사실을 보여 줘야 한다.[136]

프란시스 쉐퍼는 우리가 그리스도인이라면 우리는 사회, 정치, 법, 문화, 환경의 문제에 참여하여 불의한 것을 알리고 막아야 한다고 역설하였다. 그것이 바로 우리의 사회에 대한 그리스도인의 책임과 의무라는 것이다.

"만약 우리가 성경이 명령하고 있는 기독교적 대안들을 실천하지 않는다면 우리는 성경대로 살고 있는 것이 아니다. 그리고 만약 우리가 적절한 단계에서 정치적, 법적 수단으로서 시민 불복종의 한계선을 실천하지 않는다면 역시 성경대로 살고 있는 것이 아니다."[137]

우리는 현실을 외면하지 말아야 한다. 누구보다도 성경의 가르침에 순종하여야 한다. 성경의 소리에 귀를 기울이고 순종해야 한다. 성경은 현실적인 책이며, 현실의 진리에 관한 책이다. 성경의 가르침에 충실할 때, 우리는 현실에 안주하거나 혼합되지 않으며 선지자적 사명을 감당 할 수 있다. 악에 대하여 침묵하는 것은 악에 동조하는 것이다. 불의한 법은 개혁되어야 한다. 하나님을 대적하는 것에 순종할 수 없다.

불의한 법에 불복종함으로 사회를 변화시킨 역사적인 한 사람을 뽑으라면 누구를 막론하고 "마틴 루터 킹 목사"일 것이다. 그의 유명한 연설 『나에게 꿈이 있습니다.』는 시민 불복종의 정당성을 잘 보여주고 있다.

"나에게는 꿈이 있습니다. 언젠가 이 나라가 모든 인간은 평등하게 태어났다는 것을 자명한 진실로 받아들이고, 그 진정한 의미를 신조로 살아가게 되는 날이 오리라는 꿈입니다. 언젠가는 조지아의 붉은 언덕 위에 예전에 노예였던 부모의 자식

그리스도인의 정치 색깔

과 그 노예의 주인이었던 부모의 자식들이 형제애의 식탁에 함께 둘러앉는 날이 오리라는 꿈입니다. 언젠가는 불의와 억압의 열기에 신음하던 저 황폐한 미시시피주가 자유와 평등의 오아시스가 될 것이라는 꿈입니다. 나의 네 자녀들이 피부색이 아니라 인격에 따라 평가받는 그런 나라에 살게 되는 날이 오리라는 꿈입니다."[138]

1950년대에서 60년대까지 미국의 인권운동을 이끌었던 마틴 루터 킹 목사는 불의한 현실에 맞섰다. 그는 결코 불의한 법에 대하여 순종할 수 없었다. 인종차별은 하나님의 법이 아니었기 때문이다. 그러므로 그는 인종차별 법에 불순종하였다. 비록 살아있을 때 보지 못하였지만 그의 불복종 운동은 열매를 맺었다.

우리는 한 국가의 일원으로서 국가의 책무에 최선을 다하여 봉사하여야 한다. 국가가 결정한 국민의 의무도 충실하게 따라야 한다. 하지만 불의를 행하고, 하나님을 모독하는 법과 정부에 대하여는 불복종해야 한다. 불의에 순종하는 것은 하나님께 불복종하는 것이다. 우리는 정의에 순종하여야 한다. 그리고 정의로운 정부를 꿈꿔야 한다. 이 일이 이 땅에 이루어질지 안 될지 우리는 알 수 없다. 그러나 이러한 결과에 관계없이 우리는 정의로운 정부와 법을 만들어야 하고 그것에 순종해야 한다. 그리고 불의한 법과 정부는 바꿔야 한다. 이것이 하나님의 뜻이다.

“내가 사울을 왕으로 세운 것을 후회하노니 그가 돌이켜서 나를
따르지 아니하며 내 명령을 행하지 아니하였음이니라 하신지라
사무엘이 근심하여 온 밤을 여호와께 부르짖으니라”(삼상 15:11)

그리스도인의 정치 색깔

6장 | 기독교와 경제 민주화

"자본주의는 끝났다."[139]

2012년 다보스 포럼에서 나온 이야기이다. 자본주의가 전부인양 살았던 일반 사람들에게는 이 말은 매우 충격적인 말이다. 자본주의가 죽었다면 어떻게 해야 한다는 것인가? 자본주의는 상업자본주의 시대를 거쳐 수정자본주의를 지나 신자유주의 시대에 이르러 꽃이 활짝 폈다. 그런데 이제 그 꽃잎들이 시들어 떨어지고 있다. 자본주의 경제의 상징이었던 미국 경제가 휘청거리고, 유럽의 경제 공동체가 심각한 위기에 처해 있다. 그리고 그 영향은 아시아의 작은 나라[140]인 우리에게도 심각하게 영향을 미치고 있다. 이제 유럽에서 기침만 하여도 우리는 화들짝 놀라는 상황이 되었다.

미국에서 일어난 월가를 점령하라는 시위는 자본주의의 모순을 분명하게 보여준 사건이다. 자본주의는 1%의 사람들만을 위한 경제라는 인식이 대중에게 각인 되었다. 그러므로 1%에 맞서는 99%의 투쟁이 시작되었다. 삶의 질을 풍성하게 해줄 것이라는 자본주의는 결국 심각한 양극화를 만들어 놓았다.

이러한 흐름 속에서 경제 민주화는 중요한 화두가 되었다. 경제 민주화는 새로 생긴 말이 아니다. 이미 우리 헌법에 규정된 말이다. 헌법 119조 2항에 '국가는 균형 있는 국민 경제의 성장 및 안정과 적정한 소득의 분배를 유지하고 시장의 지배와 경제력의 남용을 방지하며 경제 주체간의 조화를 통한 **경제 민주화**를 위하여 경제에 관한 규제와 조정을 할 수 있다.'고 되어 있다.

우리 헌법은 분명하게 경제 민주화를 표방하고 있다. 그런 측면에서 경제 민주화는 헌법의 정신을 분명하게 지켜내는 것이라 할 수 있다. 경제 민주화는 한 나라의 국격을 단순히 높이는 것이 아니라 온 국민이 함께 삶의 질을 누리는 것이 그 목적이다.

그렇기에 경제 민주화가 무엇을 말하고 있는지 정확하게 아는 것이 필요하다. 그리고 경제 민주화가 성경의 가르침에 부합하는지 살펴보아야 한다. 아무리 경제 민주화가 국격을 높이는 것이라 할지라도 성경의 가르침과 어떤 관계가 있는지 살피는 것은 매우 중요하다. 이러한 논의를 중심으로 자발적 가난의 관점에서 본 기독교 경제윤리를 확립하여야 한다.

1. 경제 민주화의 정의

"모호한 개념을 가지고 이야기하는 건 나는 모르겠습니다."[141] 이 말은 허창수 전경련 회장의 인터뷰 내용이다. 우리나라 경제 수장이라 할 수 있는 전경련 회장은 나라 전체에서 논의되고 있고, 정치권에서도 대선의 중요한 정책으로 삼고 있는 경제 민주화에 대하여 모호한 개념이라고 말하고 있다. 전경련 회장이 이 정도라면 일반 국민은 더욱 혼란스러운 것이 사실이다. 아직도 정치권과 경제인들 사이에는 뜨거운 감자가 되고 있다. 그러므로 이 문제에 있어서 정확한 이해는 우리 시대를 사는 모두에게 필수 불가결한 것이다.

모호한 개념이라 말하는 경제 민주화는 도대체 무엇을 말하는 것인가? 우리나라에서 이 말을 경제적인 측면에서 최초로 사용하였다고 전해지는 정운찬 전 국무총리는 경제 민주화를 다음과 같이 정의한다.

"시장에서 활동하는 사람들이 대등한 관계가 되는 것이며, 돈과 서비스가 오고가는 교환 체계에서 사람들이 자신에게 불리한 교환이라면 자유롭게 교환하지 않을 수 있는 사회가 경제 민주화의 핵심이다."[142]

이 말을 정리한다면 경제 민주화가 되려면 99%의 중소기업과 1%의 대기업간의 관계가 대등하게 정립되어야 한다는 것을 의미한다고 볼 수 있다. 그러나 이에 대하여 이원재 소장(한겨레 경제연구소 소장)은 '경제 민주화에 대한 지금의 논점은 현재의 경제 시스템을 근본적이고 구조적으로 바꾸는 것으로 본다.'[143]고 강조한다. 그는 경제 민주화 이론에 대하여 대표적인 두 그룹인 장하준 교수 그룹과 김기원 교수 그룹을 비교하면서 설명하기를 "장하준 그룹은 기업의 사명 문제를 제기한다. 한편 재벌개혁 진영이 말하는 이야기의 핵심은 지배구조 문제다." 결국 이들의 말을 본다면 "한쪽 이야기로부터 우리는 경제 민주화의 핵심이 기업의 사회적 책임에 있다는 점을 배운다. 단기적 주주이익에 매몰된 기업들에, 원래 기업의 목적인 고용과 혁신 같은 책임을 일깨우는 게 경제 민주화다. 다른 쪽 이야기로부터 우리는 경제 민주화의 핵심이 기업 지배구조에 있다는 사실을 배운다. 한 사람이 폐쇄적으로 경영하는 기업을 다양한 이해관계자가 참여하며 투명하게 경영하는 기업으로 바꾸는 게 경제 민주화다. 기업 이사회 구조의 개혁, 대기업집단 인정과 순환출자 규제 강화, 연기금 사회책임투자, 공시제도 강화 등이 이를 이루는 수단이 될 수 있을 것이다."[144]

이렇게 본다면 무엇이 경제 민주화라고 말하는 것인지 어느 정도 윤곽을 알 수 있다. 경제 민주화는 기업이 가지고 있는 사회적 책무성이 분명하고, 재벌을 고착화하는 지배구조를 개

그리스도인의 정치 색깔

선하고 기업 간의 공정성이 회복되는 것을 의미하는 것이다.

실제로 우리나라에서 벌어지는 경제 민주화의 논쟁은 신자유주의 시장 경제 체제가 무너진 상황에서 나온 것이라 할 수 있다. 신자유주의 시장경제 체제는 철저한 실용주의 정책으로 재벌들의 몸만 키우는 정책으로 전락했다는 것이 일반적인 견해이다. 신자유주의 시장경제 체제에서는 가난한 자들이 설 자리가 좁아진다. 기업의 사회적 책무성은 사라지고 오직 주주 이익주의에 빠져있으므로 기업 구성원들인 노동자들에 대한 배려는 약화된다. 그 증거가 바로 비정규직이라 할 수 있다. 또한 중소기업과의 상생은 사라지고, 대기업은 순환출자를 통하여 끝없이 성장한다. 언론을 통하여 종종 듣는 것처럼 골목상권까지 잡아먹는 것이다. 이런 의미에서 신자유주의 경제 체제는 대 기업을 위한 특혜경제라는 말이 나올 정도다.

2. 성경의 관점으로 본 경제 민주화

경제 민주화가 우리 시대의 화두가 된 것은 그 영향력 때문이다. 경제 민주화가 가져올 사회적 재편은 신자유주의 경제의 폐해를 극복한다고 보고 있기 때문이다. 이런 측면에서 경제 민주화는 약자의 측면에서는 매우 기쁜 소식처럼 들린다. 그러나 문제는 단지 약자의 기쁨만을 위한다면 그것 역시 공정하지 못하다는 것이다. 그렇기에 우리는 경제 민주화가 성경의 가르침과 어떤 관계를 가지고 있는지 아는 것이 매우 중요하다고 생각 할 수 밖에 없다. 과연 성경은 경제 민주화에 대하여 어떠한 관점을 가지고 있을까? 성경에는 경제 민주화라는 말이 없다. 그러므로 우리는 성경이 말하는 경제정신을 통하여 경제 민주화에 대한 성경의 가르침을 보아야 한다.

오늘날 경제라는 용어를 생각한다면 두 가지 의미로 볼 수 있다. 첫째는 효율성의 측면에서 제한된 희소 자원을 이용하여 최대의 효과를 얻는 것이다. 둘째는 평등성의 측면에서 희소자원을 이용한 경제행위의 성과물이 사회의 구성원에게 골고루 분배되는 것을 의미한다.[145] 이것은 일적인 경제적 정의이다. 그렇다면 성경은 경제에 대하여 어떠한 정신을 가지고 있을까? 이 부분에 있어서 성경 전체의 가르침에서 조명할 필요가 있다. 그리고 적극적으로 예수 그리스도의 말씀을 통하여 배울 수 있다. 성경 전체의 흐름을 통하여 볼 때 성경은 적어도 네 가지의 관점을 가지고 있다고 할 수 있다.

1) 소명

소명으로서의 경제 원리는 이미 막스 베버의 책을 통하여 많이 알려진 개념이다. 이것은 기독교 역사 가운데 면면히 흘러온 개념이다. 여기에는 종교개혁자들인 루터와 칼빈 그리고 청교도들의 정신이 깊이 박혀있다. 종교개혁자들은 교부들의 가르침대로 사유재산 제도에 대하여 동일한 의견을 가지고 있었다. 하지만 종교개혁 시대에 와서는 소명으로서의 직업에 대

그리스도인의 정치 색깔

한 강조가 더욱 분명하여 졌다. 이것은 루터보다 칼빈이 그리고 17세기의 청교도들이 더욱 발전시켰다.

이들이 한결같이 소명을 강조한 것은 바로 성경이 보여주는 창조 명령 때문이다. 하나님께서는 만물을 창조하시고 사람을 에덴동산에 두셨다. 그리고 첫 사람 아담에게 중요한 명령을 주었다. 그것이 바로 창 2:15절이다.

"여호와 하나님이 그 사람을 이끌어 에덴 동산에 두사 그것을 다스리며 지키게 하시고"(The LORD God took the man and put him in the Garden of Eden to work it and take care of it.)[NIV](창 2:15)

"다스리며(아바드), 지키게 하시고(솨마르)" 이 단어는 노동과 보존을 의미한다. 하나님께서 사람을 만드시고 에덴동산을 관리하고 운영하도록 맡기셨다. 첫 사람 아담은 타락하기 이전부터 소명을 받은 것이다. 에덴동산에서의 노동은 즐거움이며, 창조 세계를 존귀하게 만드는 소명이었다. 노동은 괴로움이 아니라 존재의 목적이었다. 그런 의미에서 노동이 타락 후에 주어졌다는 생각은 의미 없는 논거다. 다만 아담은 타락한 이후에는 땀을 흘리는 고생을 하면서 소명을 감당했다. 리차드 스틸은 말하기를 "하나님은 인류에게 다양한 기질과 재능을 허락하셨다. 그리고 그들로 인간 생활의 필요와 편의에 이바지하는 다양한 직업에 종사하게 하셨다. 우리는 그러한 하나님의 지혜와 선하심을 간과해서는 안 된다."[146]

이렇듯 성경은 경제 활동을 위하여 다양한 기질과 재능을 주시고, 적절한 직업을 주시고 일하게 하셨음을 강조한다. 이러한 인식은 모든 것이 합력하여 선을 이루신다는 하나님의 주권에 근거한다. 성경은 경제에 대하여 해도 되고 안 해도 되는 것이 아니라 반드시 해야 할 것을 말씀하고 있다.

이러한 소명은 예수님의 달란트 비유에서 좀 더 선명하게 나타난다. 마 25:14-30절에 있는 말씀으로 주인과 세 명의 종들이 나온다. 주인은 세 명의 종들에게 각각 달란트를 맡긴다. 그리고 얼마후 두 종은 주인이 올 때에 두 배의 이익을 남겼다. 하지만 한 달란트 받은 종은 주인에게 혼날 것을 두려워 한 나머지 한 달란트를 보존만 하였다. 때가 되어 돌아온 주인은 종들에게 각각 보고를 받고 수익을 남긴 종들은 칭찬하지만 한 달란트를 보존만 한 종에 대해서는 크게 책망하였다.

"그 주인이 대답하여 가로되 악하고 게으른 종아 나는 심지 않은 데서 거두고 헤치지 않은데서 모으는 줄로 네가 알았느냐 그러면 네가 마땅히 내 돈을 취리하는 자들에게나 두었다가 나로 돌아 와서 내 본전과 변리를 받게 할 것이니라 하고 그에게서 그 한 달란트를 빼앗아 열 달란트 가진 자에게 주어라 무릇 있는 자는 받아 풍족하게 되고 없는 자는 그 있는 것까지 빼앗기리라"(마25:26-29)

이 비유의 말씀은 소명에 대한 말씀이다. 자신이 부여 받은 소명을 감당하지 않을 때 책망을 받는다는 사실이다. 이 비유는 최선을 다하는 경제 활동을 통해서 생산성을 높여간다는 메시지를 담고 있다.[147] 신구약 성경은 경제는 소명에 속한 것임을 분명히 한다. 이러한 정신은 근대 기업가와 근대 노동자들의 특징이 된 것이다.[148]

2) 자족

성경은 소명으로서의 경제와 함께 자족이라는 중요한 가치를 말하고 있다. 자족은 성경이 말하고 있는 중요한 원리임에도 불구하고 자주 등장하는 개념이 아니다. 그것은 청부론과 청빈론의 대립이 워낙 강하기 때문에 자연적으로 자족의 개념이 무디어진 것이다. 그러나 성경은 자족의 가치에 대하여 아주 중요하게 설명하고 있다.

특별히 구약성경 잠언 가운데 아굴의 잠언은 우리에게 이러한 가르침을 잘 묘사하고 있다.

"내가 두 가지 일을 주께 구하였사오니 나의 죽기 전에 주시옵소서 곧 허탄과 거짓말을 내게서 멀리 하옵시며 나로 가난하게도 마옵시고 부하게도 마옵시고 오직 필요한 양식으로 내게 먹이시옵소서 혹 내가 배불러서 하나님을 모른다 여호와가 누구냐

6장 | 기독교와 경제 민주화

할까 하오며 혹 내가 가난하여 도적질하고 내 하나님의 이름을
욕되게 할까 두려워함이니이다"(잠30:7-9)

아굴은 자신의 삶을 돌아보면서 간절히 두 가지를 구하는데 첫째는 거짓말을 멀리하게 해 달라는 간구이다. 둘째는 가난하게도 마옵시고 부하게도 마옵시고 오직 필요한 양식을 구하는 간구이다.

아굴이 말한 필요한 양식의 실체는 이스라엘 백성들이 광야 생활 가운데 40년 동안 먹었던 만나와 메추라기에서 볼 수 있다. 하나님은 이들에게 그 날에 족한 정도의 음식을 주셨다. 그리고 놀랍게도 누구도 굶지 않았고 험악한 40년 광야 생활을 능히 감당하였다.

이러한 자족의 삶은 신약성경의 가르침에도 분명하다. 예수님은 주기도문을 통하여 "일용할 양식"(마6:11)에 대하여 말씀하신다. 여기서 일용할 양식(에피우시온)은 생존을 위해 필요한 양식을 의미한다. 이러한 삶에 대하여 더욱 분명하게 증거한 이는 바로 바울이다. 바울은 빌4:11-12절에서 자족에 대하여 구체적으로 강조한다.

"내가 궁핍하므로 말하는 것이 아니라 어떠한 형편에든지 내가
자족하기를 배웠노니 내가 비천에 처할 줄도 알고 풍부에 처할
줄도 알아 모든 일에 배부르며 배고픔과 풍부와 궁핍에도 일체
의 비결을 배웠노라"

그리스도인의 정치 색깔

자족(에우탈케스)은 자기만족의 삶이다. 바울은 부와 가난의 삶을 모두 경험했다. 예수님을 만난 이후의 삶은 늘 가난하였지만 바울은 누구보다도 자족하는 삶을 즐겼다. 이러한 자족에 대하여 양낙홍은 "그리스도인은 삶의 기본적 필요를 채울 수 있는 정도로 만족하겠다는 마음가짐으로 살아가야 한다."[149]고 하였다. 그런 측면에서 성경 밖에서 만나는 가장 성경적인 사람들이라고 칭호를 받았던 초기 청교도들은 경제적 중간층을 선호하였다.[150] 청교도들은 적당한 생활수준을 위한 세 가지 열쇠를 강조하였다.

"첫째, 중간 정도의 라이프 스타일로 만족해야 한다. 둘째, 소비와 향유에서 자발적 한계를 설정해야 한다. 셋째, 부와 재산을 큰 그림 속에서 보아야 한다."[151]

성경은 이렇게 자족할 수 있는 것이 중요함을 강조한다. 자족을 넘어서는 순간 탐욕이 거머리와 같이 사로잡기 때문이다.

"거머리에게는 두 딸이 있어 다고 다고 하느니라 족한 줄을 알지 못하여 족하다 하지 아니하는 것 서넛이 있나니 곧 음부와 아이 배지 못하는 태와 물로 채울 수 없는 땅과 족하다 하지 아니하는 불이니라."(잠 30:15-16)

네팔로 비전여행을 갔을 때의 일이다. 바랭부릉이라는 산골

마을에 봉사하러 갔다. 굽이굽이 산을 넘어 도착한 곳은 너무 아름다웠다. 마치 원시림에 온 것처럼 사방이 산으로 둘러있었고 산자락마다 집이 있는 곳이었다. 그러나 그렇게 아름다운 곳에서 끔찍한 일을 경험하였다. 동네 가정을 방문하는 날이었다. 가는 길 마다 풀로 덮여 있어서 헤치고 가야하는 길이었다. 모두들 여름이라 샌들을 신고 갔다. 그런데 앞 쪽에서 한 자매의 비명 소리가 들린 것이다. 순간 사고인줄 알고 달려갔다. 그리고 그 곳에서 놀라운 일을 보았다. 바로 배불뚝이 거머리를 본 것이다. 피를 먹지 않은 거머리는 실과 같이 가느다란 모습을 가지고 있다. 그래서 잘 보이지 않는다. 거머리는 풀 사이에 있다가 지나가는 사람들의 발가락 사이로 들어와서 피를 빨아 먹는다. 거머리는 자기 몸이 퉁퉁하여 더 이상 붙어 있지 못할 때까지 먹다가 떨어진다. 나 역시 두 번 물렸는데 그 상황은 참으로 끔찍하였다. 다시는 거머리에 물리고 싶지 않았다.

성경이 말하는 거머리의 모습은 세상을 향한 끝없는 욕망을 가리킨다. 그런데 오늘날 신자유주의 경제의 모습은 마치 거머리와 같다. 거머리는 사람의 몸에 붙는 순간 저절로 결코 떨어지지 않는다. 자신의 배가 불어나서 더 이상 붙어 있을 수 없게 될 때 떨어진다. 거머리는 스스로 만족하지 못하는 존재이다. 그런 의미에서 신자유주의 경제 체제는 지칠 줄 모르는 거머리의 모습과 비슷하다.

하지만 성경의 가르침은 이러한 거머리와는 거리가 멀다.

그리스도인의 정치 색깔

성경은 탐욕이 아니라 자족을 말한다. 자족이 성경이 보여주는 경제 원리이다. 그런데 놀라운 사실은 자족은 자족 그 자체로 있지 않다. 반드시 동반하는 친구가 있다. 바로 나눔이다.

3) 나눔

성경이 수 없이 강조하는 것이 있다면 바로 나눔이다. 나눔이 없는 성경의 경제는 없다. 성경은 한 없이 올라가는 바벨탑의 경제를 책망한다. 자신들만의 리그를 만들어 놓고 자위하는 자들에 대하여 하나님은 분명한 심판을 말씀하셨다.

예수님은 부자가 천국에 들어가는 것이 낙타가 바늘 귀를 통과하는 것 보다 어렵다(마 19:24)고 하였다. 이렇게 말한 것은 물질이 부자의 우상이 되었기 때문이다. 잠언은 경고하고 있다. "부자의 재물은 그의 견고한 성이라 그가 높은 성벽 같이 여기느니라"(잠 18:11) 그래서 부자 되기를 힘쓰지 말라고 한다.(잠 23:4) 부자와 나사로의 비유에서 볼 수 있듯이 부자의 결말은 비참하다. 이 사실을 알고 있다면 부자 되기를 애쓰지 말아야 할 이유가 충분하다.

예수님은 성경의 또 다른 부자의 비유를 통하여 탐욕이 가득한 부자의 결말을 아주 선명하게 증거한다.

"또 가로되 내가 이렇게 하리라 내 곡간을 헐고 더 크게 짓고 내 모든 곡식과 물건을 거기 쌓아 두리라 또 내가 내 영혼에게 이

르되 영혼아 여러 해 쓸 물건을 많이 쌓아 두었으니 평안히 쉬
고 먹고 마시고 즐거워하자 하리라 하되 하나님은 이르시되 어
리석은 자여 오늘 밤에 네 영혼을 도로 찾으리니 그러면 네 예
비한 것이 뉘 것이 되겠느냐 하셨으니 자기를 위하여 재물을 쌓
아 두고 하나님께 대하여 부요치 못한 자가 이와 같으니라"(눅
12:18-21)

3세기 교부였던 크리소스톰은 가난과 부의 정의를 아주 의
미있게 말하였다. "참된 부자는 많은 재물을 모은 사람이 아니
라 재물에 욕심을 부리지 않는 사람을, 참된 빈자는 재물이 없
는 사람이 아니라 탐욕이 가득한 사람을 뜻한다."[152]

우리는 이러한 관점에서 성경이 말하는 바를 보아야 한다.
성경은 부를 부인하거나 가난을 비난하지는 않지만 그리스도
인의 경제적인 삶이 어떠해야 하는지에 대해서는 말씀하고 있
다.

하나님은 이스라엘 백성에게 가나안에 들어가거든 반드시
해야 할 일들에 대하여 말씀하면서 사회적 약자들인 가난한 자
와 과부 그리고 고아와 객들을 섬길 것을 명령하신다.

"너희 중에 분깃이나 기업이 없는 레위인과 네 성중에 거류하
는 객과 및 고아와 과부들이 와서 먹고 배부르게 하라 그리하

그리스도인의 정치 색깔

면 네 하나님 여호와께서 네 손으로 하는 범사에 네게 복을 주
시리라"(신 14:29)

"땅에는 언제든지 가난한 자가 그치지 아니하겠으므로 내가 네
게 명하여 이르노니 너는 반드시 네 경내 네 형제의 곤란한 자
와 궁핍한 자에게 네 손을 펼지니라" (신 15:11)

"너와 네 자녀와 노비와 네 성중에 있는 레위인과 및 너희 중에
있는 객과 고아와 과부가 함께 네 하나님 여호와께서 자기의 이
름을 두시려고 택하신 곳에서 네 하나님 여호와 앞에서 즐거워
할지니라"(신 16:11)

"절기를 지킬 때에는 너와 네 자녀와 노비와 네 성중에 거주하
는 레위인과 객과 고아와 과부가 함께 즐거워하되"(신 16:14)

"너는 객이나 고아의 송사를 억울하게 하지 말며 과부의 옷을 전
당 잡지 말라 "(신 24:17)

"네가 밭에서 곡식을 벨 때에 그 한 뭇을 밭에 잊어버렸거든 다
시 가서 가져오지 말고 나그네와 고아와 과부를 위하여 남겨두
라 그리하면 네 하나님 여호와께서 네 손으로 하는 모든 일에 복
을 내리시리라 네가 네 감람나무를 떤 후에 그 가지를 다시 살피
지 말고 그 남은 것은 객과 고아와 과부를 위하여 남겨두며 네가

네 포도원의 포도를 딴 후에 그 남은 것을 다시 따지 말고 객과
고아와 과부를 위하여 남겨두라"(신 24:19~21)

성경이 보여주는 경제의 모습은 나눔을 통하여 가난한 자들
에 대한 배려를 갖는 것이다. 리차드 스틸은 "부자들은 자신의
편안함이 가난한 사람들의 수고에 의존한다는 사실을 기억해
야 한다."(고전12:21)[153]고 강조했다. 또한 "공공의 복지에 기여
하지 않는 사람은 보호 받을 가치가 없다."[154]고도 한다.

이에 대하여 김회권은 "하나님 나라 경제학은 공동체에 소속
할 자유와 그 터전을 잃어버린 가난한 사람들을 공동체 안에
묶어 놓는 데 투신된 경제학"[155]이라고 한다. 성경이 보여주는
경제학은 나눔이 편만하다. 결코 바벨의 경제학이 아니다. 아
브라함이 조카 롯과 헤어질 때 그는 바벨의 관점에서 결정하
지 않는다. 나눔의 관점에서 선택하였다. 그렇기에 하나님은
그를 지극히 높이고 더욱 많은 이들을 위하여 살게 하였다. 그
런데 이러한 나눔은 단지 나눔으로 끝나지 않는다. 나눔은 공
존을 위한 것이다.

4) 공존공생(共存共生)

성경이 보여주는 경제학의 절정은 바로 공존이다. 공존은 곧
공생이다. 함께 살고 함께 존재하는 것이다. 공존이 없이는 사
회는 존재 할 수 없다. 하나님은 창조시부터 이 원리를 분명

하게 보여 주셨다. 아담에게 하와를 만들어 주심이 바로 공존을 보여 주심이다. 그리고 이러한 공존은 공생을 이루어 간다.

성경이 전체적으로 보여주는 것이 바로 공존의 경제이다. 성경은 혼자 장사는 것이 잘하는 것이라고 결코 말하지 않는다. 오늘날 신자유주의 경제학처럼 시장의 논리에 따라 승자 독식의 구조를 말하지 않는다. 결코 산자와 죽은 자를 구별하지 않는다. 또한 사회진화론자처럼 살아남은 자들을 위한 것도 결코 아니다.

신자유주의가 말하는 승자 독식의 경제는 성경의 가르침과 아무 관련이 없다. 김회권은 이것을 "생존 경제"[156]라고 말하며, 김영생은 "생태계 보존의 경제원칙"[157]이라고 한다. 그런데 생존과 생태계 보존은 사실 같은 의미라 할 수 있다. 결국 이 말을 좀 더 포괄적으로 담는다면 "공존"이라 말할 수 있다. 공존은 공동체가 함께 사는 것을 의미한다. 그러므로 공동체가 무너지는 것은 용납할 수 없다.

성경은 공동체의 중요성과 지속성에 대하여 매우 강조한다. 특별히 구약의 역사를 보면 이 사실을 좀 더 실감나게 알 수 있다. 하나님은 이스라엘 백성들에게 땅은 하나님의 것임을 분명하게 각인시킴으로 땅에서 떨어지는 자가 없게 하였다.[158] 그리고 희년을 통하여 다시금 공동체가 회생할 수 있도록 하였다. 이것은 가난한 사람들을 생존의 위기에 내모는 것을 강력하게 징계한다는 의미이다.(사 3:15) 하나님은 가난한 자들의 소리를 기억하신다.(시 9:12, 잠 17:5) 그러기에 가난한 사람을 멸시하는 것은 하나님을 멸시하는 것과 같다.

> "가난한 사람을 학대하는 자는 그를 지으신 이를 멸시하는 자
> 요 궁핍한 사람을 불쌍히 여기는 자는 주를 공경하는 자니라"(
> 잠 14:31)

이러한 모습은 신약시대에 와서도 동일하다. 하나님은 가난한 자가 항상 있을 것임을 말씀하셨다. 그리고 참된 경건은 가난한 자들을 비롯한 사회적 약자를 섬기는 것임을 분명히 하셨다.(약 1:27) 야고보 사도는 사악한 부자들에 대하여 강력하게 경고한다.

> "들으라 부한 자들아 너희에게 임할 고생을 인하여 울고 통곡하
> 라 너희 재물은 썩었고 너희 옷은 좀먹었으며 너희 금과 은은
> 녹이 슬었으니 이 녹이 너희에게 증거가 되며 불같이 너희 살을
> 먹으리라 너희가 말세에 재물을 쌓았도다 보라 너희 밭에 추수
> 한 품군에게 주지 아니한 삯이 소리 지르며 추수한 자의 우는 소
> 리가 만군의 주의 귀에 들렸느니라"(약 5:1~4)

바울은 돈을 사랑함이 일만 악의 뿌리가 됨을 말하면서(딤전 6:10) 선한 사업에 힘을 쏟으며 나눠주기를 좋아하라고 강조한다.

그리스도인의 정치 색깔

"네가 이 세대에 부한 자들을 명하여 마음을 높이지 말고 정합
이 없는 재물에 소망을 두지 말고 오직 우리에게 모든 것을 후
히 주사 누리게 하시는 하나님께 두며 선한 일을 행하고 선한
사업에 부하고 나눠주기를 좋아하며 동정하는 자가 되게 하라"(
딤전 6:17-18)

나눔은 성경의 중요한 경제 원리이다. 그리고 나눔을 통하
여 공동체는 공존하며 공생한다. 특별히 예수님은 비유를 통하
여 공존의 경제를 분명하게 말씀하셨다. 마 20:1-14[159]은 천국
에 대한 모습을 포도원 품꾼의 비유로 알려주신 말씀이다. 이
비유의 말씀을 보면 아주 재미있는 사실을 볼 수 있다. 포도원
주인이 일군을 부르는데 3시 ,6시, 9시, 11시에 각각 모집하였
다. 그리고 하루의 일과를 마친 후 주인은 모든 일군들에게 동
일하게 한 데나리온을 주었다. 그러자 일찍 온 일군이 원망을
하면서 먼저 와서 일하였는데 어찌 나중에 온 사람과 품삯을
동일하게 주느냐고 항의하였다. 더 많이 일했으니 당연히 돈을
더 많이 받아야 한다는 먼저 온 종들의 논리이다. 그러자 주인
은 먼저 온 종들에게 너희와 계약한대로 주었는데 무슨 잘못
이 있느냐고 말하면서 이것이 내 뜻이라고 말한다. 이것은 아
주 의미 있는 비유이다. 왜냐하면 이 비유가 바로 천국에 관한
비유이기 때문이다. 천국은 먼저 온 자나 나중 온 자가 동일하
게 행복을 누리는 곳이다. 예수님은 이 말씀을 천국의 모습으
로 말씀하셨다.[160]

예수님의 말씀은 자본주의적 관점에서 보면 있을 수 없는 일이다. 더 많이 일했으면 더 많이 가지는 것이 합당한 것이다. 이것은 철저하게 이익 중심적 경제논리이다. 그런데 포도원 주인이신 하나님의 눈에는 이익이 아니라 놀고 있는 사람이 중요하였다. 하나님의 편에서 소중한 것은 함께 사는 것이다. 노는 사람이 많으면 많을수록 가진자의 지출은 더 많아지고 실제로는 적게 받게 된다. 천국은 모두가 행복한 나라이지 한 사람의 행복이 독보적으로 존재하는 곳이 아니다. 이렇듯 예수님의 경제 원칙은 철저하게 사람 중심이며, 약자 중심이다. 일할 곳이 없어서 시장에서 방황하고 있는 이들이 함께 사는 것이 바로 하나님의 뜻이다.

하나님이 원하시는 것은 함께 사는 공존의 나라이다. 승자독식의 세상은 하나님 나라와 함께 할 수 없다. 이러한 하나님의 뜻이 잘 나타난 것이 바로 오순절 성령 강림으로 시작된 초대 교회의 모습이다. 이들의 모습에서 볼 수 있는 것은 유무상통의 아름다움, 즉 모든 공동체가 함께 살고 함께 공존함을 볼 수 있다. 누구 하나 아픔을 당하는 것을 원치 않으신다. 그래서 함께 사는 길을 요구하신다. 이러한 모습은 오늘날 금융위기에 몰리면서도 경영진들은 호의호식하는 사악함을 결코 용납하지 않는다. 성경은 공존을 무너뜨리는 경제 체제를 결코 용납하지 않는다. 이렇듯 성경이 말하는 경제학은 공동체가 공존하면서 함께 사는 생명경제이다.

성경이 말하고 있는 경제는 군더더기 없이 분명하다. 소명,

그리스도인의 정치 색깔

자족, 나눔, 공존의 경제다. 결코 승자 독식과 탐욕 중심의 바벨의 경제를 말하지 않는다. 바벨의 경제는 탐욕의 경제이며, 죽음에 이르는 경제이다. 그러나 성경이 말하는 경제는 공동체가 공존하며 함께 살아가는 생명의 경제이다. 그러기에 우리 가운데 다양한 모습으로 존재하는 가난한 이들을 무시하거나 외면해서는 안 된다. 오히려 서로 섬기며 함께 살아가는 생명의 경제를 만들어야 한다. 이것이 자본주의가 죽은 우리 시대에 필요한 성경의 처방이다.

3. 자발적 불편으로서의 기독교 경제윤리

"대출 받지 말자"

승기는 결혼식을 할 때 대단한 결정을 하였다. 그것은 바로 대출을 받지 않고 집을 구하겠다는 것이다. 사실 결혼의 핵심은 집 장만에 있다 해도 과언이 아니다. 그런데 이것은 혼자 결정할 문제가 아니었다. 배우자인 세영이의 동의가 필요한 것이다. 사실 집 문제 있어서 가장 민감한 것은 바로 여자이기 때문이다. 그래서 세영이의 생각이 매우 중요하였다.

승기는 기도하고 자신의 의견을 세영이에게 말하였다. 그런데 세영이의 답변이 아주 빨랐다. 자신도 그렇게 생각하고 있었다는 것이다. 그래서 두 사람은 대출 받을 수 있는 충분한 자격이 되고, 넉넉한 집을 얻을 수 있는 환경이 됨에도 불구하고 대출 없이 작은 집을 얻었다. 그리고 불필요하다고 생각하는 부분을 과감하게 생략하고 간단한 결혼식과 신혼살림을 차렸다. 신혼집에는 TV도 없앴다. 스스로 불편한 삶을 자초한 것이다. 그리고 잉여금으로 교회에 장학금을 내고, 어려운 이웃을 돕는 일에 기부하였다. 자신들이 조금 불편해지자 많은 사람들이 행복해졌다.

성경이 강조하고 있는 경제 윤리는 사변적인 가르침이 아니다. 삶의 현장에서 실천되어지는 경제 윤리이다. 오늘날 자본주의 경제는 부의 축적을 추구하는 자본가와 투자한 주주들의 이익을 추구한다. 그래서 주주들의 이익을 위해서라면 그 어떤 부정도 불사하는 것이 사실이다. 동시에 무한 성장을 기업의 목적으로 삼는다. 여기에 인격적인 기업이 설 자리가 잘 보이지 않는다. 그러나 성경의 가치는 이와는 분명 다르다. 이미 살펴보았듯이 성경은 무한 성장과 주주이익을 위한 경제를 생명의 경제라 말하지 않는다. 성경은 공존과 공생의 경제를 강조한다.

양낙홍은 성경은 사유재산을 인정하지만 착각하지 말아야 할 것은 절대적 의미에서는 아니라는 것이다. 물질의 절대적 소유자는 하나님이시다. 그런 의미에서 물질의 많고 적음이 중요한 것이 아니라 하나님이 맡겨주신 것을 주인의 뜻대로 잘 관리하는 것이 더 중요하다. 그러므로 하나님 나라를 위해 관대히 쓰기를 거부하는 것은 그것을 위탁한 주인에 대한 배신과도 같은 것이라 할 수 있다.[161]

그런데 주인이 맡겨주신 것을 제대로 관리하려면 주인의 뜻을 정확이 하는 것이 중요하다. 그렇다면 물질의 주인이신 하나님의 뜻은 무엇인가? 막스 베버의 말처럼 단지 부의 창출 그 자체에 목적이 있지 않다.[162] 하나님께서 경제 활동을 허락하심은 리차드 스틸의 말처럼 하나님의 명령과 계획이며, 가정과 사회에 대한 정의를 실현하고, 자신의 안전과 안락함의 보장에 있다.[163] 단지 영리 활동 그 자체가 아니라는 것이다. 하나님 나라의 정의를 세우는 것이 그 핵심이다.

칼빈은 하나님의 재산을 위탁받은 부유한 청지기가 가난한 이웃에게 물질을 순환시키지 않는 것은 도둑질이고 신성모독이라고 책망했다.[164] 자신의 욕망을 채우기 위하여 기업하는 자들은 하나님의 진노의 잔을 피할 수 없다. 또한 자신의 욕망을 채우기 위하여 기업을 상속시키는 것 역시 사악한 일이다. 우리는 결단의 시대에 살고 있다. 대기업이냐, 중소기업이냐의 논리가 아니다. 기업이 정직하고 온전한 가치를 가지고 있느냐가 중요하다.

성경은 부의 무한정 소유를 인정하지 않는다. 부의 맡김은 공동체의 공존과 공생을 위함이다. 그러므로 필요한 양식에 만족할 수 있어야 한다. 그리고 나머지는 필요한 이들에게 나누어주어야 한다. 그래서 많은 이들이 청부론과 청빈론 혹은 자발적 가난이 필요하다고 말하는 것이다. 물론 이 말에 대하여 논쟁이 있을 수 있다.[165] 그러나 두 가지 사상이 가지고 있는 본심은 동일하다고 생각한다. 물론 청부론의 의미보다는 자발적 가난의 삶이 좀 더 성경의 가르침에 가깝다는 말도 하지만 그 중심은 우리가 서로 인정하는 것이 중요하다.

양낙홍은 청부론과 자발적 가난의 문제를 비교, 비판하면서 성경에 가까운 경제윤리는 자족과 절제된 향유와 나눔이 기준이 되어야 한다고 강조한다.[166] 그러나 공존의 경제학의 측면에서 볼 때 그리스도인들의 적극적인 삶을 요구한다면 자발적 불편을 강조하고 싶다. 자발적 불편은 자발적 가난의 정신을 수용하면서 가난에 대한 오해를 풀 수 있다.[167] 그러나 자발적 불편은 단지 경제의 측면만이 아니라 삶의 전분야를 담고 있기에 이 말이 더욱 효과적이라고 생각한다.

이와 같이 공존공생을 위한 생명의 경제는 자발적 불편을 사는 것에서 시작한다. 사실 하나님께서 물질을 맡겨주신 것은 공동체를 보살피고 보존하기 위함이다. 어느 시대라도 진리에서 멀어져 탐욕에 갇히면 슬피 울며 이를 가는 상황이 되어 버린다. 그런 의미에서 더더욱 성경은 시대를 막론하고 진리다. 그리고 그 진리가 말하는 것은 자발적 불편을 통하여 함께 살아가라는 것이다.

우리의 경제는 사회, 즉 인간이 서로서로 의존하는 포용력이 있고, 연대심 넘치는 통일체를 위한 부분 활동임을 잘 알고 있다.[168] 연대의식이 충만한 공동체를 세우는 것에는 이기심이 아니라 이타심이 필요하다. 그리고 이타심은 바로 자발적 불편을 통하여 이루어진다. 하지만 우리시대의 경제는 죽이지 않으면 죽어야 하는 전쟁터가 되었다. 이러한 전쟁은 작은 곳에서부터

그리스도인의 정치 색깔

시작하여 국가적으로 진행되고 있다. 그런데 이웃이 죽으면 이러한 승리가 무슨 의미가 있겠는가? 이웃이 죽으면 더불어 죽는 것이다. 시간 차만 있을 뿐이다. 자신의 배만 채우는 경제는 모두가 망하는 경제다. 그런데 지금의 경제는 모두가 사는 것이 아니다. 지금 우리는 그 결과를 보고 있다.

그러므로 무엇보다도 자발적 불편이 필요하다. 이것이 모두를 살리는 경제이다. 남을 죽이는 것은 편하지만, 함께 사는 것은 시간이 많이 걸리고 피곤하다. 회사가 어려우면 고용을 없애는 것은 쉽다. 그러나 고용을 포기하지 않고 함께 하는 것은 불편하다. 하지만 이것이 진짜 사는 길이다. 회사는 망해도 기업주는 망하지 않는다는 속설은 참으로 슬픈 일이다. 이것은 반성경적 모습이다. 함께 살지 않으면 함께 죽는다. 이러한 생명 공동체가 될 때 기업의 의미가 온전해 지는 것이다. 그런 의미에서 비정규직은 결코 정당화 될 수 없다. 편리의 모습만으로 사는 것은 공동체의 근간을 무너뜨리는 것이다. 성경적 경제는 모두가 함께 사는 생명의 경제다. 모두가 함께 웃는 공존의 경제다. 그러므로 노동자도 사업주도 자발적인 불편을 추구한다면 공존공생의 생명의 기업이 될 수 있다.

4. 대안으로서 새로운 경체 체제[169]

이제 중요한 지점에 다가 왔다. 앞서서 경제 민주화의 정의와 필요성을 보았고, 성경이 말하는 경제 윤리에 대하여 강조하였다. 이제 성경적 경제 윤리가 실천의 현장에서 어떻게 나타나야 하는가를 나누고자 한다. 특별히 여기에서는 현존하는 자본주의 기업의 모습을 넘어서는 새로운 대안 경제 기업을 나누고자 한다.

누가 무엇이라 해도 경제 윤리가 실제화 된 것이 바로 기업이다. 가치만 있고 기업이 없으면 그것은 마치 권투선수가 허공을 치는 것과 같다. 그런 의미에서 성경이 말하고 있는 정신을 담으면서도 자발적 불편의 모습이 잘 나타나 있는 경제 체제를 만드는 일이 필요하다. 그동안 우리는 자본주의만이 전부라고 생각하며 살아왔다. 주주이익이 대변되는 기업이 모두라고 알고 있었다. 공존공생의 생명의 기업은 신자유주의 경제 체제에서는 맞지 않는 것이라 생각해 왔다. 그래서 자본주의 안에서 해결하려고 하였다. 하지만 이렇게 숭배하였던 자본주의가 이제 역사의 뒤안길로 가고 있다. 그렇다면 이제 어떻게 해야 하는가? 새로운 대안 경제체제를 만들어야 한다. 특별히 경제 민주화를 말하면서도 여전히 재벌 기업의 문제만을 가지고 다투고 있는 이 시점에서 질문을 던져야 한다.

재벌 기업의 사명문제와 재벌의 지배구조 문제를 놓고 경제 민주화를 말하고 있는 이 시점에서 우리는 제3의 길을 가야 한다고 생각한다. 그것은 단지 재벌의 문제가 아니라 전체 기업 구조의 문화를 바꿔야 한다. 이미 그 시작은 오래전부터 있었다. 바로 사회적 기업이다. 사회적 기업은 기업의 정신과 사명 문제에 초점을 맞춘 면이 크다. 사회적 기업은 철저하게 사회

그리스도인의 정치 색깔

적 공익을 위하여 영리 활동을 한다. 사회적 기업은 공존공생의 생명의 경제를 위하여 좋은 대안임이 분명하다. 그런 의미에서 사회적 기업을 지속적으로 육성해야 한다. 그리고 현존하는 기업들은 이러한 사회적 기업과의 공존을 모색하는 일이 필요하다. 이미 뼛속 깊이 박혀있는 신자유주의 기업사고에서 새로운 변화를 갖는 것은 쉽지 않다. 다만 기업의 사회적 헌신의 측면을 강화하기 위해서는 사회적 기업과의 공존이 있어야 한다. 이것 역시 긴 논의가 필요한 부분이지만 여기서는 필요성 만을 말하고자 한다.

그러나 좀 더 공존공생의 생명경제에 합당한 것이 있다. 바로 협동조합기업이다. 이것이 죽은 자본주의 경제 체제를 이어갈 새로운 대안 경제체제라고 생각한다. 협동조합은 그 자체로 99%를 위한 기업이기 때문이다. 협동조합은 승자독식의 기업이 아니다.[170]

국제협동조합연맹(ICA)의 〈협동조합 정체성 선언문(1995년)〉에 의하면 "협동조합은 공동으로 소유하고 민주적으로 운영되는 기업(enterprise)을 통해 공동의 경제적·사회적·문화적 필요와 욕구를 충족하기 위해 자발적으로 모인 사람들의 자율적 단체"[171]이다. 또한 미국 농무부(USDA)의 정의(1987년)는 "협동조합은 이용자가 소유하고 통제하며 이용규모를 기준으로 이익을 배분하는 사업체(business)"이다.[172]

위 정의에 따라서 협동조합과 주식회사의 차이점을 정리해 보면 다음과 같다. "첫째, 목적이 다르다. 협동조합은 조합원인

이용자가 소유하는 기업이고, 조합원 공동의 편익을 충족하는 것이 목적이다. 둘째, 자본이 아니라 사람에 의해 조직이 통제된다. 주식회사의 '1주1표'와 달리 협동조합은 '1인1표'다. 셋째, 사업 이익의 배당이 다르다. 협동조합은 조합원이 사업을 이용한 실적에 비례해 잉여금을 배당한다."[173]

협동조합의 정체성이 자본주의와 대비되는 분명한 차이는 협동조합의 7대 원칙에 잘 나타나 있다. 협동조합의 7대 원칙(ICA, 1995년)은 1.자발적이고 개방적인 기업, 2. 조합원에 의한 민주적 통제, 3. 조합원의 경제적 참여, 4. 자율과 독립, 5. 교육, 훈련 및 홍보, 6. 협동조합 간의 협력, 7. 지역사회 기여[174]이다.

협동조합 기업을 보면 성경의 가치를 그나마 잘 담고 있다고 할 수 있다. 물론 협동조합 기업이 유일한 대안 경제 체제라고 말 할 수는 없다. 그러나 협동조합 기업은 앞으로 자본주의와 사회주의를 극복하고 성경의 가치를 잘 나타낼 경제체제가 될 것이라 생각한다. 소명과 자족 그리고 나눔과 공존의 가치가 잘 나타나 있는 것이 협동조합 기업이다. 더구나 협동조합 기업은 자발적 불편이라는 성경의 가치가 잘 구현되고 있다.[175] 앞으로 많은 논의와 비판이 오고가겠지만 매우 의미 있는 경제 체제이다.

그리스도인의 정치 색깔

5. 성경의 가르침에 귀를 기울이라

경제 민주화를 외치고 있는 우리의 현실이 참으로 서글프다.
경제 민주화를 말한다는 것은 이미 우리의 경제는 민주화와 멀
리 떨어져 있음을 의미하기 때문이다. 88만원세대로 대변되는
우리 시대는 이미 경제 민주화를 상실한 시대이다. 이렇게 가
다가는 경제 독재자들에 의한, 경제 독재자들을 위한 사회가
될 것이다. 동시에 99%는 상위1%의 파티를 바라보면서 그 문
밖에서 침을 흘리며 상에서 떨어질 것을 기다리고 있는 나사로
와 같이 살 것이다.

1%의 부자들이 성경의 경제적 가르침에 귀를 기울이기를 바
란다. 주님은 1%의 화려함을 영원한 것처럼 여기는 이들에게
오늘밤 그 목숨을 빼앗아 가면 그 많은 부가 무슨 의미가 있겠
냐고 말씀하신다. 성경이 보여주는 경제윤리는 분명하다. 바로
자발적 불편의 경제이다. 자발적 불편으로서의 경제윤리는 철
저하게 소명으로서의 경제, 자족의 경제, 나눔의 경제 그리고
공존과 공생의 경제다. 기독교 경제는 승자독식의 경제가 아니
다. 약육강식의 경제도, 오직 이긴 자만이 웃는 그러한 정글의
경제도 아니다. 성경은 모두가 함께 살 수 있는 공존공생의 경
제다. 공존공생은 자발적 불편의 삶을 실천하지 않고서는 불가
능하다. 함께 나누기 위하여 나의 것을 조금 포기하는 것이 없
다면 결코 함께 살 수 없다.

성경은 부자가 천국에 들어가는 것이 낙타가 바늘 귀를 통과

하는 것보다 어렵다고 하였다. 한 마디로 불가능하다는 것이다. 그런데 사람은 할 수 없으나 하나님은 할 수 있다고 말씀한다. 하나님은 하실 수 있다. 부자들이 천국에 들어 갈 수 있는 길이 있다. 이미 우리는 그 방법을 앞서 보았다. 이제 실천만 남았다. 1% 부자들이 천국에 득실거리는 것을 보고 싶다.

그리스도인의 정치 색깔

7장 | 전세대란, 하우스 푸어 그리고 기독교

"전세 체제가 깨지면 소득 하위층은 물론이고 중산층도 무너진다."[정창무 서울대 건설환경공학부 교수]

부동산은 지난 10여년 동안 끊임없이 정권을 괴롭히는 단골 메뉴이다. 부동산 정책의 성공과 실패에 따라 정권의 운명이 달라지기도 한다. 이번 이명박정부 역시 부동산 정책에 대한 기대감에 많은 혜택을 보았다고 하여도 과언이 아니다. 또한 19대 국회의원들 역시 뉴타운 정책의 난발로 의원의 자리에 오르거나 떨어진 사람들이 많이 있다. 그만큼 부동산은 정치의 중심에 있는 문제라고 할 수 있다. 아무리 사교육의 현장이 혼란스럽다 하여도 부동산 시장만큼은 아니다. 그것은 부동산이 교육문제보다 우리의 삶에 더욱 민감하고 복잡한 구조 속에 있기 때문이다. 대부분의 사람들은 부동산에 얽혀 살아간다. 어떠한 모양이든 부동산과 얽혀 있지 않는 사람은 없다. 우리 모두는 다 부동산의 씨줄과 날줄에 걸려있다고 할 수 있다.

1. 부동산 소유냐, 거주냐

부동산의 변화는 엄청난 파급 효과가 있다. 특별히 서민들에게 있어서 부동산의 변화는 삶의 지형을 바꾸어 놓는다. 부동산의 변화에 따라 사람들과 관계도 달라지고, 시장의 모습도 변한다. 부동산이 사람들이 사는 생태계를 변화시키는 것이다. 실제로 부동산의 차이에 따라 커피 값의 차이가 달라진다. 어떠한 동네에 사느냐에 따라 부수적인 모든 것이 달라진다. 동일한 제품도 그 가격차가 엄청나다. 결국 부동산이 삶의 질까지 구분지은 것이다. 이처럼 부동산은 사람들의 신분을 정하는 구조가 되었다. 문제는 바로 여기에 있다. 거주의 개념이 아닌 소유의 개념이 되어버린 부동산은 사람들을 구분하는 도구가 된 것이다. 이러한 개념이 오늘날 부동산 문제의 원인으로 자리 잡게 되었다. 여기에 기름을 부은 것이 바로 다가구 주택과 아파트의 공급이었다.

다가구와 아파트는 주택의 문제를 해결하고자 입안한 정책이었지만 일부의 부자들이 부동산을 사 금융으로 여기고 주택을 매입하였고 이것이 재산증식의 도구로 인식되자 전 계층이

그리스도인의 정치 색깔

동참한 것이다. 부동산은 거주하기 위한 공간이 아니라 부의 증식을 위한 도구가 된 것이다. 거기에 국가가 운영하는 공공 임대 주택은 턱 없이 부족하였다. 그리고 최근에 불거진 동시 다발적인 뉴타운 정책은 서민들을 더욱 어렵게 만들었다. 결국 수요와 공급이 균형이 깨어지고 전세 유랑민들을 만든 것이다. 또한 금리는 점점 낮아지는 상태에서 부동산은 삶을 지탱하는 도구로 퇴행해 버린 것이다. 바로 여기에 심각한 부동산 문제가 도사리고 있다. 이제 곳곳에 탄식의 소리가 들려온다. 신혼부부의 탄식에서 노년의 삶에 대한 불안함에 대한 꺼지는 한숨까지 우리 주변에 깊게 깔려있다. 이제 누구도 믿을 수 없고, 소망이 없다는 암울한 인식이 가득차 있다.

2. 부동산 문제, 교회는 자유로운가?

사실 부동산 문제에 있어서 교회는 결코 자유롭지 못하다. 부동산의 상당수는 교회가 소유하고 있다. 이로 인하여 금융권에 저당 잡힌 것만 10조에 이른다는 이야기도 있다. 건물로 교회가 금융권을 살리고 있는 우스운 형국이 지금의 모습이다. 이러한 안팎의 어려운 시기에 한국 교회는 처해있는 것이 사실이다.

지금 한국 사회는 다양한 곳에서 탄식이 들려오고 있다. 정치, 경제, 사회에서 들려오는 탄식소리는 우리의 마음을 매우 무겁게 하고 있다. 하지만 더욱 거친 탄식은 바로 부동산의 지칠 줄 모르는 질주에 있다. 한번 올라간 집값은 내려올 줄 모르고 여전히 올라가고 있다. 동시에 서민들의 가슴은 찢어지고 있음을 볼 수 있다.

이러한 시대에 한국 교회는 어떻게 반응하여야 할까? 기윤실의 조사에서 보듯이 한국 교회는 사회적 신뢰도가 약 16% 밖에 안 된다. 우리 주님의 가슴을 찢게 하는 현실이다. 이것은 더 이상 교회가 사회의 대안이 아님을 보여주는 것이다. 사람들은 교회를 통하여 삶의 소망을 발견하지 못하고 있다. 그리고 적극적으로 교회를 포기하고 있다. 이러한 모습은 20-40대를 중심으로 급속하게 확산되고 있다. 이렇게 가다가 20년 후의 한국 교회가 한국 사회에 존재할 수 있을까 하는 생각이 들 정도이다. 참으로 암울한 현실이다. 이곳 저곳에서 한국 교회에 대한 갱신의 목소리가 들려온다. 하지만 실체가 없는 공허한 외침 뿐이다.

그런 의미에서 전세 대란의 시대는 한국 교회를 향한 하나님이 주신 참회의 길이며, 교회가 세상의 대안임을 보여주는 기회라고 생각한다. 전세 대란은 일부의 사람에게만 고통을 주지 않고 모든 사람들에게 고통을 주고 있다. 교회가 이 고통을 덜어줄 수 있는 순간이 온 것이다. 모두가 전세금과 월세를 올리고 있을 때 그리스도인들이 전세금과 월세를 동결하거나 깎아준다면 그 파장은 엄청날 것이다. 이것은 선한 일을 통하여 하나님께 영광을 돌리라는 말씀을 실천하는 것이다.

그리스도인의 정치 색깔

3. 하우스 푸어

요즘 언론을 통하여 가장 많이 소개되는 용어 중 하나가 바로 하우스 푸어다. 이 말은 집을 가지고 있지만 살림살이는 빈곤층에 해당된다는 의미다. 이들은 무리한 대출을 받아 주택을 사들인 뒤 자금 사정이 어려워져 빈곤하게 생활하는 계층이다. 대부분 집값이 상승 할 때 과도한 대출로 집을 마련했지만 후의 금리인상으로 인한 이자부담으로 힘들게 생활하고 있다. 일반적으로 하우스 푸어 들은 자신들의 월급에서 약 23% 정도가 대출이자로 나간다고 한다. 그러니 살림살이가 힘들어진 것이다. 하우스 푸어는 단지 한 개인의 경제문제로만 끝나는 것이 아니라 국가 경제 전체에도 심각한 영향을 주고 있다.

하우스 푸어 현상이 생긴 것에 대하여 많은 사람들은 정부의 부동산 정책이 잘못 되었기 때문이라고 말하고 있다. 그래서 정부가 부동산 부양 정책을 내서 이 문제를 해결할 것을 촉구하고 있다. 얼마나 다급한 상황인지를 짐작하게 하는 모습이다.

그런데 하우스 푸어 문제가 단지 정부의 부동산 정책 실패 때문인가? 꼭 그렇다고 말할 수 없다. 정부의 정책 실수도 존재하는 것은 사실이다. 그러나 하우스 푸어는 기성세대들의 탐욕의 결과이다. 이기적인 탐심으로 행한 집 투기 때문에 자녀세대들이 당하고 있는 고통이다. 어떻게 생각하면 기성세대들이 자신들이 판 함정에 빠진 것이라 할 수 있다. 집 투기는 당대 일부에게는 도움이 될 지 모르지만 자녀 세대에 그 고통을 대물림하는 것이라 할 수 있다. 그런 측면에서 이 투기의 광란을 멈추지 않는 한 삶의 질은 결코 나아지지 않을 것이다.

그렇다면 기독교인들은 이러한 시대에 어떠한 자세를 가져야 할까? 우선 분명하게 인식할 것은 땅과 집에 대한 성경의 가르침으로 돌아가야 한다. 땅과 집은 소유의 개념이 아닌 거주의 개념을 회복해야 한다. 집을 주거의 개념으로 명백하게 가르치는 것이 성경이다. 그러므로 땅과 집을 가지고 투기하는 것은 결코 그리스도인의 합당한 모습이 아니다. 교회가 이 사실에 대하여 정직하게 선포하였다면 어떠한 일이 벌어 졌을까? 하지만 현실은 그렇지 않다. 그리스도인들 역시 집을 통하여 부를 축적하고자 하는 일들이 너무나 자연스럽다. 과연 참된 그리스도인이라 말할 수 있을까? 이웃이 힘들어도 나는 배부르면 된다는 사고는 성경 어디에도 존재하지 않는다.

사실 집은 자신이 주거할 한 채만 있으면 된다. 집이 주거의 개념이라면 여러 채 소유할 이유가 없다. 집은 결코 투기의 대상이 되서는 안 된다. 투기하여 올린 집은 가난한 이들의 가슴을 찢게 만드는 일이다. 적어도 사람에게는 주거의 행복은 있어야 한다. 이웃을 사랑하라는 계명을 충실하게 지킬 수 있는 최적의 모습은 바로 집 투기에서 떠나는 것이다.

하우스 푸어 시대의 교회는 이 사실을 분명하게 선포해야 한다. 집 투기를 통한 불로소득은 하나님이 결코 기뻐하지 않는다. 우리가 땀을 흘려 얻는 소득이 작다 하더라도 하나님 나라에서는 가장 큰 보물이다. 땅 투기와 집 투기는 다음 세대에 재앙을 줄 뿐 행복을 주지 않는다.

전세 대란, 하우스 푸어와 같은 시대는 그리스도인들에게 하나님의 참된 사랑을 실천하고 가르침을 회복하는 소중한 기회이다. 그리스도인들이 하나님의 명령에 순종한다면 이 땅에 집으로 인하여 아파하는 일들은 작아질 것이다.

4. 그러면 어떻게 해야 하는가?

그렇다면 어떻게 이 문제에 접근하여야 할까? 사실 모두가 부동산을 재산증식의 목적으로 소유하고 있는 시대에 스스로 시대를 거스른다는 것은 쉬운 것은 아니다. 그러나 성경은 "흩어 구제하여도 부하게 되는 일이 있다."(잠11:24)고 말씀하였다. 세상이 방법이 이니라 하나님의 방법으로 사는 영광을 누리는 길이 있다. 이것이 전세대란과 하우스 푸어를 향한 하나님의 명령이라 생각한다.

첫째, 교회는 우리 시대의 문제를 직시하고 이웃을 사랑하라는 하나님의 명령을 순종할 수 있도록 설교하고 가르쳐야 한다. 그리고 교회 역시 부동산의 과도한 매입을 자제하여야 한다. 교회가 이 일에 무디어진다면 세상은 점점 암울 할 것이고 그 피해는 반드시 교회로 돌아올 것이다. 방선기 목사는 세례 요한이 "옷 두 벌 있는 자는 옷 없는 자에게 나눠 줄 것이요 먹을 것이 있는 자도 그렇게 할 것이니라”(눅 3:11)는 말씀을 만약 오늘 세례 요한이 우리에게 말한다면 “집이 두 채 있는 자들은 집 없는 자들에게 나눠주라”고 할 수도 있겠다며, 이 말을 좀 더 현실적으로 적용한다면 집이 있는 사람은 집이 없는 사람에 대해 배려하라는 것이며 전세 가격을 올리지 않거나 월세로 바꾸지 않는 것으로 그 배려를 구체화할 수 있다고 하였다.

실제로 기윤실 이사장인 지구촌 교회 이동원 목사는 설교를 통하여 이 문제를 선포하였고 말씀을 들은 성도 중 50여명이 이 일에 동참하였다. 작은 일에서 시작하였지만 큰 일을 나타낸 것이다. 전세대란 시대와 하우스 푸어 시대에 교회가 이것을 외면하지 말고 적극적으로 전해야 한다.

둘째, 성도들은 투기목적으로 부동산을 소유하는 것을 포기하여야 한다. 오직 거주의 목적으로만 부동산을 소유하여야 한다. “한국사회는 토지와 주택의 불균형으로 인한 부의 양극화 현상이 심각한 실정이다. 대체로 우리나라 토지는 상위 1%가 전체 45%를 차지하고 있으며, 전체 세대의 절반에 해당하는 50.3%가 무주택자인데 반해 1세대 다주택은 전체 세대의 16.7%로 이들이 차지한 집은 전체 아파트의 71%에 이른다고 한다. 말하자면 투기적 목적의 가수요가 부동산문제의 주범인 것이다. 부유층이 부동산 투기를 통해 재산을 늘려갈 때, 무주택 서민들은 부동산 투기로 인한 집값과 전·월세 값의 폭등으로 큰 고통을 당해왔다. 그리고 부동산 투기 광풍은 집값과

그리스도인의 정치 색깔

전·월세 값 폭등으로 이어져, 심지어 폭등한 전·월세값을 감당할 수 없어 당장 길거리에 나앉게 된 세입자들이 귀중한 생명을 스스로 끊은 비극적 사건도 있었다. 그 중에는 아내와 두 자녀와 함께 동반 자살한 기독교인의 가정도 있었다." [김영철 목사. 새민족 교회]

땅은 하나님의 것이지 우리의 것이 아니지 않는가? 그러므로 할 수만 있다면 필요 없는 부동산은 매각하여야 한다. 그러나 매각 할 수 없다면 투기의 대상으로 사용하지 말고 선한 목적으로 사용하였으면 한다. 예를 들자면 게스트 하우스나, 집 없는 이들을 위하여 디딤돌이 될 수 있는 한시적 거주의 공간으로 사용할 수 있으면 좋겠다.

셋째, 투기 목적으로 대출하여 집을 매입하였다면 소유의 집을 제외하고는 매가하는 깃이 성경의 가르침에 순종하는 것이다. 한국 교회 성도만이라도 이 일에 동참한다면 엄청난 일이 일어 날 것이다. 혹자는 건설 산업이 어려워 질 것이라고 하는데 이것은 기우에 불과하다. 부동산 가격이 안정되면 미분양이라는 사태는 오히려 발생하지 않을 것이다. 모두가 자신의 집을 갖는 것이 꿈이라면 투기의 목적으로 집을 사는 것은 반드시 포기하여야 한다. 대출로 집을 사고 그 집을 다시 전세로 내놓는 악순환이 부동산의 악순환을 가져오고 자신도 집을 얻을 수 있는 기회를 늦추는 것이 됨을 알아야 한다.

넷째, 전월세를 주고 있다면 동결하거나 오히려 인하해주자. 이것은 분명 세상의 기준으로 볼 때 어리석은 것이다. 누가 돈을 더 받을 수 있는데 동결하고 내린다면 손가락질 받을 수 있다. 그런데 이것이 한국 교회를 살리는 길이 될 수 있다.

홍릉 교회 김영수집사의 이야기다. 95년 집을 다가구로 신축한 김집사는 가정은 당시 신혼부부에게 전세를 놓았다. 알콩달콩 열심히 사는 신혼부부는 어느덧 중학생 아이들 둔 부모가 되었다. 십 년 넘는 세월 동안 함께 살 수 있었던 것은 생사고락을 함께하는 가족과 같은 마음을 가졌기 때문이다. 또한 김집사의 착한 마음씨 그늘에서 IMF와 최근의 전세대란의 폭풍을 피할 수 있었기 때문이다. 더욱 놀랄만한 일은 또 다른 세입자 입에서 나온 말이다! 한 번은 전혀 미동도 없는 전세 값에 감격한 세입자가 김집사에게 '전세 값 좀 올려달라'고 했던 것이다. 주변의 시세는 자꾸 오르는데 요지부동 집주인 김집사에게 먼저 요청한 것이다. 그 후 김집사는 하는 수 없이 200만원을 올렸다. 김집사를 통해 하나님 나라의 자비를 맛 본 사람이 결국 한 둘이 아니다. 전세 대란으로 한숨 소리가 여기저기서 끊임없이 들려오는 요즘, 이런 소식은 정말 시원한 얼음 냉수와 같다.

세입자가 주인에게 전세 값을 올려달라는 말이 나올 수 있다면 얼마나 멋질까? 한국 교회 성도들이 바보처럼 살 수 있다면 세상은 대변혁이 일어날 것이다. 이 일에 동참할 수 있기를 기대한다.

그리스도인의 정치 색깔

다섯째, 국가는 실제적인 공공임대주택을 지어야 한다. 민영임대주택은 그 실체를 드러내고 실패하였다. 지금의 문제는 공공임대 주택의 공급이 필요하다는 것이다. 특별히 실수요자가 살 수 있는 장소에 다수 공급하는 일이 있어야 한다. 보금자리 주택을 공급하고 있지만 이보다 더욱 저렴한 공공임대 주택이 필요하다. 이러한 정책을 낼 수 있도록 끊임없는 청원활동이 있어야 한다.

특별히 장기 전세 임대 아파트를 낮은 이자로 많이 공급하여야 한다. 단지 건설업체들의 입김이 아닌 서민들을 위한 정책으로 만들어져야 한다. 지금 신혼부부들은 집이 없어서 이리저리 헤매고 있다. 대학교의 하숙생들은 치솟는 등록금과 함께 하숙비와 자취방의 높은 전월세 값으로 이중삼중의 고통을 겪고 있다. 청년들은 결혼을 미루고 있다. 그리고 사람들은 점점 외곽으로 흩어지며 자괴감을 사시고 있다. 누가 이 고통을 치유할 수 있을까? 한국 교회에 주어진 기회이다. 고통 받는 이들의 소리를 들어주고 보듬어 줄 수 있는 기회가 왔다. 작지만 이 일이 곳곳에서 이루어진다면 교회는 달라질 것이다. 세상은 교회를 이 시대의 대안으로 볼 것이다.

여섯째, 주거 정책에 대하여 적극적인 자세를 가지고 참여할 수 있어야 한다. 정치는 백성을 위하여 존재 할 때 그 가치가 있다. 그런데 백성이 가만히 있으면 정치는 움직이지 않는다. 정치를 움직이는 것은 개인 이기주의가 아니라 공동체의

7장 | 전세대란, 하우스 푸어 그리고 기독교

번영을 위하여 감당하는 것이다. 그리고 이것이 하나님이 우리에게 주신 역할이다. 주거 정책은 저절로 이루어지지 않는다. 이것은 이념의 문제가 아니라 삶의 문제이다. 그러므로 적극적으로 참여하고 살펴보아야 한다.

삶의 문제를 적극적으로 알리는 것은 현실의 문제만 아니라 다음 세대를 행복하게 만들어 주는 일이다. 더구나 주거의 문제는 결코 가볍게 생각하고 강 건너 불구경 하듯 해서는 안 된다. 바른 정책을 가지고 일관성 있게 진행될 수 있는 것인지 살펴야 한다.

이탈리아나 스위스 같은 집으로 인하여 고통 받는 이들이 거의 없다고 한다. 스위스는 한 번 집에 세를 들어오면 세입자가 나갈 때까지 집세를 올리는 일이 없다고 한다. 독일은 세입자 협회가 있어서 세입자의 권익을 보호한다고 한다. 이것이 단지 세입자만을 위한 것이 아니라 공동체를 위한 것임을 인식하였기 때문에 가능한 일이다.

우리도 사고의 전환이 필요하다. 집 때문에 고통 받는 일은 사라져야 한다. 주거는 삶의 가장 중요한 기초이다. 그리고 이일에 보이는 것은 잠깐이고 보이지 않는 것은 영원하다는 성경의 가르침을 알고 있는 그리스도인들이 실천해야 한다. 이것이 교회와 나를 존귀하게 만드는 일이며, 교회를 살리고 하나님을 영화롭게 하는 일이다.

"토지를 영영히 팔지 말 것은 토지는 다 내 것임이라 너희는 나

그리스도인의 정치 색깔

그네요 우거하는 자로서 나와 함께 있느니라 너희 기업의 온 땅

에서 그 토지 무르기를 허락할지니"(레 25:23)

7장 | 전세대란, 하우스 푸어 그리고 기독교

3부

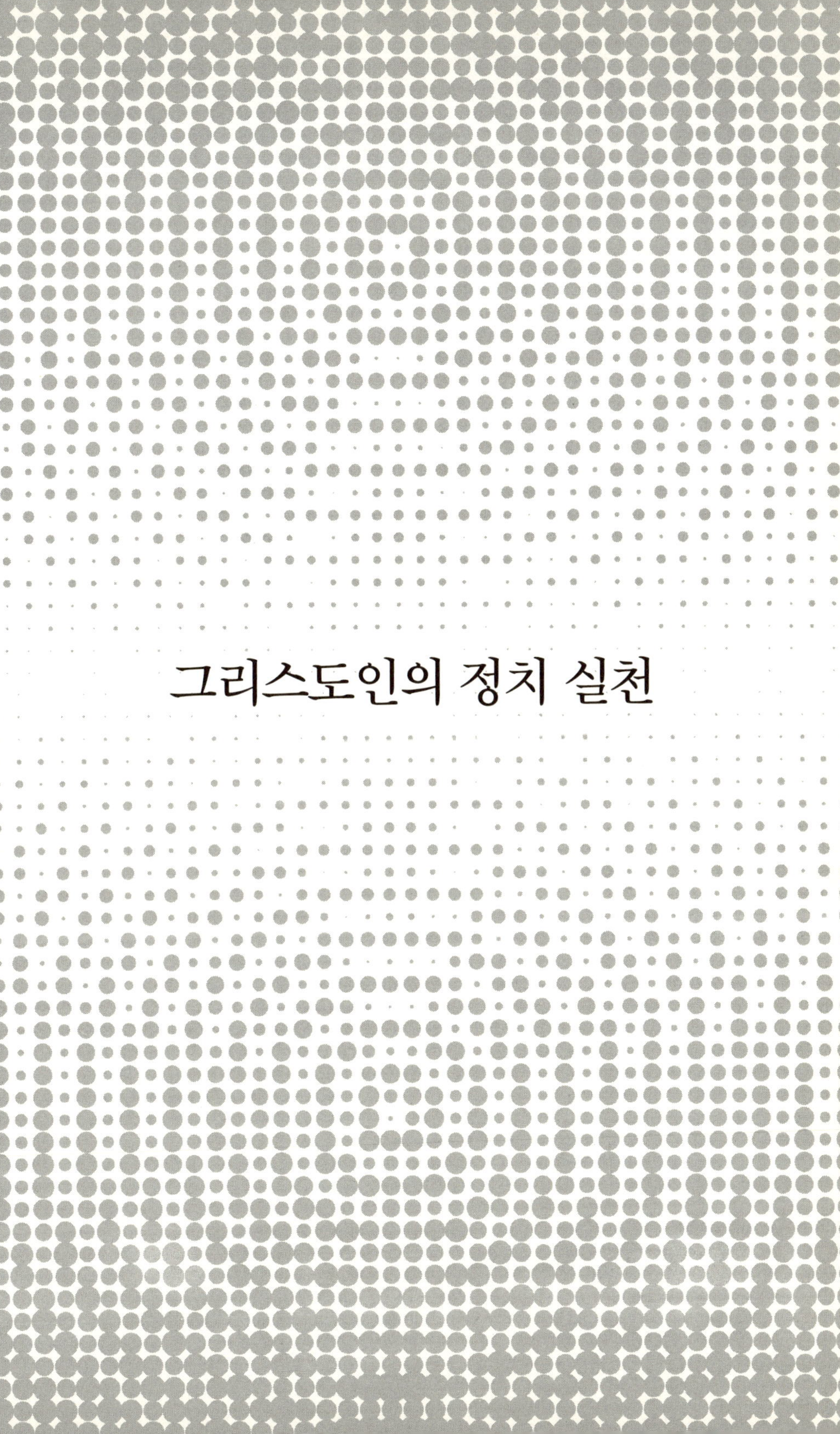

그리스도인의 정치 실천

8장 | 그리스도인의 정치 선택[176)

"목사님 이번에 대통령 누구 뽑으실 건가요?"

LA에 사는 한 지인에게서 온 메일이다. 아마도 이번 한국의 대선은 그 어느 때 보다 관심이 많은 것 같다. 특별히 젊은 층에 있어서 이러한 바람은 거세게 불고 있는 것 같다. 그래서 더욱 이번 대선이 의미가 있다. 더구나 미국의 대선과 맞물려 있어서 미국에 있는 동포들은 더욱 관심이 지대한 것 같다.

과연 누구를 뽑아야 좋을까? 이러한 고민은 이번만이 아니다. 해마다 반복되는 질문이다. 그만큼 우리는 견고한 기준을 가지고 있지 못하다는 반증이다. 사실 누구를 뽑아야 하는 것은 결코 가볍게 말할 수 있는 부분이 아니다. 생각 없이 말하는

그리스도인의 정치 색깔

것은 역사에 죄를 짓는 일이 된다.

또한 정치는 필요한가? 정치가 나의 삶에 중요한 영향을 미치고 있는가? 정말 정치만 변하면 세상이 변하는가? 도대체 정치가 무엇인가? 정치에 대한 다양한 질문들이 존재한다. 그 만큼 정치는 우리의 삶에 필수 불가결한 것처럼 보이면서도 동시에 불편을 주는 존재로 인식되었다. 정치는 우리의 삶에 매우 밀접하게 관련을 맺고 있다. 정치의 작은 실수는 곧바로 우리 밥상에 변화를 가져다준다. 이렇게 정치는 우리의 삶과 분리 될 수 없다. 그러므로 무엇보다도 정치에 대한 적극적인 자세와 분별력을 가져야한다. 하지만 우리의 현실은 그렇지 않다. 정치적 무관심이 너무 팽배하다. 정치에 대한 불신이 가득 깔려있음을 본다.

여기에는 정치의 계절만 되면 굽실굽실 거리다가 시간이 지나면 고개를 뻣뻣하게 세우는 카멜레온들을 자주 보기 때문이다. 그래서 많은 이들이 정치에 대한 혐오증을 가지고 있다. 특별히 젊은 세대들은 정치적 무관심의 도가 하늘을 찌를 정도다. 이들의 의사표시는 아주 정치적이지만 투표장에서는 많이 볼 수 없다. 이것은 정치에 대한 실천적 무관심 때문이다. 무관심은 결코 유익하지 않다. 아니 아주 해롭다. 무관심이 가져다주는 그 영향력은 엄청난 파괴력을 가지고 있다. 그런데 지금의 모습은 이러한 무관심이 팽배하다.

정치적 무관심은 성경의 관점에서도 결코 합당하지 않다. 그리스도인은 삶의 모든 영역에 하나님의 주인 되심을 나타내는 것이 사명이다. 여기에는 정치의 영역도 동일하다. 더구나 무관심은 불의에 동조하는 일이 될 수 있다. 그러므로 정치에 대한 무관심은 결코 성경적으로 지지 받지 못 한다. 물론 적극적인 정당 활동을 하라는 것은 아니다. 삶의 문제들을 유심히 살피고 그 문제를 해결 할 수 있는 지혜를 키워야 한다는 것이다.

정치적 참여에 가장 우선하는 것은 정치인을 뽑는데 있다. 그리고 정치인이 내세우는 정책을 살피는데 있다. 이 두 가지는 우리의 삶에 매우 밀접한 관계가 있다. 왜냐하면 불의하거나 은사가 없는 정치인은 우리의 삶을 핍절하게 만들기 때문이다. 더구나 권력욕에만 물들어 있는 정치인을 뽑으면 그는 온갖 부정과 부패를 통하여 자신의 배만을 부르게 할 것이다. 그는 모든 공동체에게 돌아가야 할 것을 독식하는 불의함을 배설한다. 그러므로 정치인을 잘 분별하여 뽑는 것은 정말 중요하다. 이것이 가장 실천적인 정치 참여라 할 수 있다.

그렇다면 어떠한 정치인을 뽑아야 할까? 많은 사람들이 다양한 기준을 제시하고 있다. 그리고 그것에 걸 맞는 정치인을 뽑으려고 한다. 특별히 기독교인들 가운데는 무조건 교회 다니는 사람을 뽑아야 한다는 생각을 가지고 있는 이들이 있다. 그러나 이것은 정말 위험하다. 우리가 기억할 것은 정치의 영역은 일반은총의 영역이지 특별은총의 영역이 아니라는 사실이다. 그러므로 교회 다니는 것이 조건이 되어서는 안 된다. 그가 가지고 있는 기본적 은사가 중요하다. 그리고 합당한 정책을 가지고 있어야 한다. 은사가 없는 사람을 교회 다닌다는 이유

그리스도인의 정치 색깔

만으로 정치 지도자로 뽑는 것은 스스로 무지한 고난을 좌초하는 것이다. 물론 거듭난 신앙인이면서 정치적 은사도 있고 겸손한 성품을 가지고 있으면서 합리적인 정책을 제시한다면 모두에게 좋은 선물이 될 수 있을 것이다.

정치적 선택에 있어서 우선순위는 정책이다. 그리고 정책을 수행 할 수 있는 자질이다. 이 두 가지는 우리가 충분히 판단할 수 있다. 그러므로 적어도 그리스도인은 합리적인 자세를 가지고 있어야 한다. 세상이 말하는 색깔론에 따라 움직이는 존재가 아니라 성경이 말하는 색깔을 가지고 있어야 한다. 그리고 그 색깔에 가까운 정책에 투표를 하여야 한다. 앞으로 살펴 볼 15가지는 성경이 말하고 있는 기본 정책에 대한 색깔이다. 모든 것을 다 담고 있지 않지만 적어도 한 사람의 지도자를 뽑는데 있어서 기본적 기준은 될 수 있다고 본다. 전문적이지는 않지만 각 진영에서 내 놓는 정책을 비교하는데 도움이 될 것이라 생각한다. 하나님의 마음에 합한 지도자를 뽑는데 우리의 작은 노력이 열매를 맺기를 기대한다.

1. 인권 : 사람을 존중히 여기고 있는가?(창 1:26-28)

"하나님이 가라사대 우리의 형상을 따라 우리의 모양대로 우리가 사람을 만들고 그로 바다의 고기와 공중의 새와 육축과 온 땅과 땅에 기는 모든 것을 다스리게 하자 하시고 하나님이 자기 형상 곧 하나님의 형상대로 사람을 창조하시되 남자와 여자

를 창조하시고 하나님이 그들에게 복을 주시며 그들에게 이르
시되 생육하고 번성하여 땅에 충만하라, 땅을 정복하라, 바다의
고기와 공중의 새와 땅에 움직이는 모든 생물을 다스리라 하시
니라"(창 1:26-28)

정치인을 뽑는 것은 정말 신중해야 한다. 가볍게 생각하고
뽑아서는 안 된다. 한 사람의 정치인이 우리의 미래에 중요한
영향을 미치기 때문이다. 그러므로 모든 면에서 잘 살펴야한
다. 심사숙고하고 뽑아야 할 정치인은 사람을 존중히 여기는
정치인이다. 즉, 사람에 대한 자세가 분명하여야 한다. 사람을
어떻게 생각하고 있느냐는 삶의 모든 영역에 확장되기 때문이
다. 성경은 사람을 하나님의 형상으로 지음 받은 존재임을 가
르치고 있다.(창 1:26-28) 하나님의 형상이란 하나님의 인격
을 가진 존재라는 의미이다. 하나님의 인격이 사람에게 주어
졌다. 그러므로 사람은 그 자체로 존엄한 존재다. 그가 배웠
든 배우지 못했든, 가난하든 부하든, 병들었든 건강하든, 노인
이든 아이이든, 남자이거나 여자이든 아무 조건 없이 동등하
고 존엄하다.

이것은 인권의 영역에서 더욱 분명하다. 인권을 존중히 여
기는 정치인을 뽑아야 한다. 사람을 함부로 대하는 그러한 존
재는 하나님의 손에서 떨어진 자이다. 인권에 대한 정직한 자
세를 가지고 있어야 한다. 돈이 우선이 아니라 사람이 우선 되
어야 한다. 사람을 시장의 논리에 내 모는 존재가 아니라 기본

그리스도인의 정치 색깔

적인 인권과 삶을 누릴 수 있도록 노력하는 사람이어야 한다.

특별히 장애인을 우습게 여기고 이들을 위하여 정책적으로 우선 힘쓰지 않는 정치인은 하나님의 관점에서 볼 때 합당하지 않다. 장애인 역시 하나님의 형상으로 지음 받은 존귀한 존재이기 때문이다. 그러므로 무엇보다도 사람을 존엄하게 여기고 있는지 잘 살펴야 한다. 그의 삶의 족적에서 사람을 함부로 대한 이력이 있는지 살펴보고 그러한 모습을 가지고 있다면 진지하게 숙고하여야 한다. 사람을 존중히 여기지 않는 자는 결코 정치 지도자가 될 수 없다.

2. 경제적 약자 : 가난한 자를 존중히 여기는가?(잠 14:31)

"가난한 사람을 학대하는 자는 그를 지으신 이를 멸시하는 자요 궁핍한 사람을 불쌍히 여기는 자는 주를 존경하는 자니라"(잠 14:31)

모든 정치인들은 출마의 변으로 서민을 위한 정치를 하겠다고 공약한다. 그러나 당선이 되면 기득권자들의 편에 서서 정치를 한다. 그래서 서민을 위한 정책은 빈 수레가 되어 버린다. 이것은 서민들을 두 번 죽이는 일이다. 서민을 위한 정책은 표를 얻기 위한 선심이 되어서는 안 된다. 그리고 단지 한시적으로 끝나서도 안 된다.

성경은 가난한 자에 대한 수 없이 많은 말을 하고 있다. 특별히 야고보 사도는 참된 경건은 고아와 과부를 돌아보는 것이라고 하였다. 고아와 과부는 사회적으로 취약 계층에 있다. 이들을 돌아보는 것이 참된 경건이라 하였다. 그리고 의인은 가난한 자의 사정을 알아주나 악인은 알아 줄 지식이 없느니라(잠언 29:7)고 하였다. 참된 의인은 가난한 자를 존중히 여기는 사람이다. 그러므로 가난한 사람을 존중히 여기는 것은 하나님을 존중히 여기는 것이고, 가난한 사람을 조롱하는 것은 하나님을 멸시하는 것이라고 하였다.(잠 17:5)

가난한 사람을 존중히 여기는 사람이 하나님을 경외하는 사람이다. 이 사람은 헛된 것에 욕심을 품지 않는 사람이다. 가까이에 있는 자기 백성들의 슬픔과 눈물을 닦아 줄 수 있는 정치가 바른 정치이다. 그러므로 진심으로 가난한 사람을 옆에 두고 있는지를 보아야 한다. 선거 때 반짝 시장 골목에 찾아와서 쇼를 하는 사람이 아니라 가슴으로 가난을 아파하고 가난에서 벗어나 일용한 양식으로 만족케 할 수 있는 정책을 시행하는 정치인을 뽑아야 한다.

그러므로 주어진 정책을 잘 살피고 사회적 약자들을 위한 정책이 무엇인지 판단할 수 있어야 한다. 절대로 군중 심리나 대중 쇼에 넘어가서는 안 된다. 차분하게 사회적 약자를 위한 배려가 충분히 담겨있는지 살펴야 한다.

그리스도인의 정치 색깔

3. 노인 복지 : 노인 세대를 준비하고 있는가?(엡 6:1-3)

"자녀들아 너희 부모를 주 안에서 순종하라 이것이 옳으니라 네 아버지와 어머니를 공경하라 이것이 약속 있는 첫 계명이니 이는 네가 잘 되고 땅에서 장수하리라"(엡 6:1-3)

이제 우리나라도 노인 시대로 진입하였다. 태어나는 아이는 적어지고 노인의 연령은 점점 늘어나고 있다. 이것은 일할 수 있는 세대는 줄고 연금으로 살아가야 하는 세대가 많아짐을 의미한다. 노인 세대가 많아지는 것은 피할 수 없는 사실이다. 부정할 수 없는 현실이다. 그러므로 노인 세대를 잘 준비할 수 있어야 한다. 이미 10여년부터 노인 복지에 대하여 준비하여 왔다. 그러나 아직도 턱없이 부족하다. 앞으로는 독거노인의 숫자가 기하급수적으로 늘 것이다. 이것은 그만큼 재정 지출이 많아짐을 의미한다. 그렇게 되면 살림살이 하는데 힘든 것이 사실이다. 그래서 손쉽게 생각하는 것이 노인 학대가 될 수 있다. 이것은 생각만 해도 끔찍한 일이다. 결코 일어나서는 안 되는 것이지만 현실로 다가오고 있다.

이러한 현실을 정말 중요하게 인식하고 피부에 와 닿는 정책을 가지고 있어야 한다. 성경은 노인의 백발을 지혜의 영광이라고 하였다. 이들은 우리 시대를 열어준 장본인들이다. 그러므로 이들을 소중하게 여겨야한다. 노인들은 누군가의 아버지요 어머니이다. 주님은 네 부모를 공경하라고 하였다. 부모를 공경하지 않는 자들은 사악한 자들이다. 이들은 흑암 가운데 이를 갈며 슬피 우는 인생이 될 것이다.

그러나 이 정책은 감성으로 해결 될 수 없다. 정말 치밀하고 견고하게 그리고 긴 시간을 바라보면서 추진하여야 한다. 그래서 자신의 임기 내에 모든 것을 하려고 하는 욕심을 버려야 한다. 긴 시간을 들여 함께 만들어 가야 할 정책이다. 그러므로 자주 바뀔 수 있는 정책은 만들어서는 안 된다. 우리가 유권자라면 그리고 미래의 맞이할 일을 생각하면서 꼼꼼하게 살펴야 한다.

4. 다음 세대 : 청소년을 배려하고 있는가?(엡 6:4)

"또 아비들아 너희 자녀를 노엽게 하지 말고 오직 주의 교양과 훈계로 양육하라"(엡 6:4)

"한국의 가출 청소년 20만명 시대"

너무나 부끄러운 숫자다. 그러나 현실이다. 더구나 이 가운데 상당수는 폭행과 성매매 그리고 절도를 경험하고 있다.[177]

10대는 가장 건강하고 아름다워야 할 시기다. 그런데 이러한 10대들이 집을 나와서 밤거리를 헤매고 찜질방과 PC방을 전전하면서 살아가고 있다. 그리고 또 다른 한편에서 계속하여 자살을 시도하고 있다. 도대체 누가 이러한 끔직한 상황을 만든 것인가?

그리스도인의 정치 색깔

우리나라의 청소년들은 참으로 불쌍하다. 우리나라는 경제적으로 세계 10위 안에 들지 모르겠지만 행복 만족도는 형편없다. 특별히 자라나는 학생들의 삶의 불만족은 세계 최고를 달리고 있다. 국가적 통계로 보아도 자살률이 세계 1위이고 그 가운데 청소년들의 자살률은 꾸준히 증가하고 있다.

이러한 가슴 아픈 현실을 목도하고 있는 것이 바로 우리 시대이다. 청소년이 사라진 미래는 상상 할 수 없다. 그런데 점점 청소년이 사라지고 있다. 청소년들의 사회적 불만족도는 극에 달하고 있다. 이혼율이 50%에 육박하고 있는 현실 가운데 가정이 해체되고 아이들은 거리를 헤매고 있다. 가장 따뜻하게 자라야 할 아이들이 분노를 가슴에 품고 자라고 있다. 이것은 국가적으로 볼 때 재앙이다.

지금 한국의 청소년들은 집에서도, 학교에서도, 사회에서도 대접을 받지 못하고 있다. 그래서 갈 곳이 없는 상황이다. 이전에는 종교단체를 통하여 응어리를 풀 수 있었는데 그러한 통로도 가정에서부터 막히고 있다. 더 이상 갈 곳이 없는 아이들은 불안과 두려움 그리고 반항의 자리로 떨어지고 있다. 특별히 학교 폭력과 왕따는 심각한 수준이다. 학교 가는 것이 행복이 아니라 두려움이 되었다. 학생들의 교사에 대한 불신은 가볍게 볼 상황이 아니다. 이러한 불안과 불신은 결국 정신적 충격을 가져오고 극단적인 행동을 유발하게 하는 것이다.

이 모든 것은 다음 세대를 파괴하는 행위이다. 이들이 이러한 상황에 이른 것에는 무한경쟁과 승자독식의 사회 시스템이 큰 몫을 담당하고 있다. 올라가지 않으면 죽어야 하는 이 시대에 아이들은 절망에 빠진 것이다. 이제 이들을 절망에서 구출해야 한다. 그것이 정치가 할 일이다.

성경은 네 자녀를 노엽게 하지 말라고 명령하고 있다. 자녀를 노엽게 하는 것은 하나님의 뜻이 아니다. 이것은 하나님을 대적하는 행위이다. 우리는 자녀를 노여움의 자리에 내몰지 말아야 한다. 그런데 불행히도 지금 아이들은 노여움의 자리로 내몰리고 있다. 이러한 현실을 직시하고 이들을 살리는 정책을 가지고 있어야 한다.

청소년을 분노케 하는 온갖 범죄들은 과감하게 소탕할 수 있어야 한다. 지금 아이들은 폭력과 성적인 함정에 빠져 들어가고 있다. 그런데도 여력이 안 되어 방치되고 있는 현장을 본다. 이것은 다음 세대를 파괴하는 행위이다. 그러므로 무엇보다 청소년들의 자발성과 행복을 회복 시켜주어야 한다. 사람의 가치가 물질의 유무에 있지 않고, 성적순에 있지 않다. 그 자체로 소중하고 존귀한 존재들이다. 성공 기계로 만드는 일도 멈춰야 하고, 미래를 향하여 마음껏 달릴 수 있는 정책을 약속해야 한다.

청소년을 배려하고 이들의 소중한 꿈을 존중히 여기고 미래를 향하여 힘차게 달릴 수 있는 징검다리를 놓아주는 정책이 있는지 살펴야 한다.

그리스도인의 정치 색깔

5. 경제 : 공존 공생의 경제를 추구하는가?(마 20:1-14)

"주인이 그 중의 한 사람에게 대답하여 가로되 친구여 내가 네게 잘못한 것이 없노라 네가 나와 한 데나리온의 약속을 하지 아니 하였느냐 네 것이나 가지고 가라 나중 온 이 사람에게 너와 같이 주는 것이 내 뜻이니라 내 것을 가지고 내 뜻대로 할 것이 아니 냐 내가 선하므로 네가 악하게 보느냐"(마 20:12-14)

우리나라 헌법은 경제 민주화를 말하고 있다. 경제 민주화 는 모두가 함께 공존하고 공생하는 경제를 의미한다. 이것은 성경적인 경제 원리이다. 앞에서 경제 민주화에 대하여 자세 하게 다루었기에. 여기서 다시 언급하지 않겠다. 그러나 분명 한 것은 백성들이 함께 살고 함께 살아가는 경제를 추구하는 성책을 피고 있는지 살펴야 한다. 소상인을 살리고, 중소기업 을 존중히 여기고, 대기업의 사회적 책임을 실천하는데 분명 한 정책적 비전이 있는지 보아야 한다. 공존의 경제 정책이 절 실한 시대이다.

6. 노동 : 노동에 대하여 정직한 대우를 하고 있는가?(창 2:17)

"선악을 알게 하는 나무의 실과는 먹지 말라 네가 먹는 날에는 정녕 죽으리라 하시니라"(창 2:17)

88만원 시대로 대변되는 오늘날 젊은이들에게 있어 직장을 갖는다는 것은 말처럼 쉬운 일이 아니다. 고용에 대한 불안감은 이루 말할 수 없다. 기업의 문을 열고 들어가는 것이 하늘의 별따기처럼 보인다. 도대체 이렇게 고용시장이 어려운 이유는 무엇일까? 대내외적으로 경제가 불안하고 어려운 것이 그 일차적인 이유일 것이다. 그러나 이것은 극복할 수 있는 과제이다. 오히려 문제는 고용정책에 있다.

신자유주의 경제 체제가 들어오면서 비정규직의 출현이 나타났고, 명예퇴직제도가 시행됨으로 평생직장의 개념이 사라졌다. 결국 평생고용을 담보로 했던 대기업에 다녀도 이제는 불안한 상황이 된 것이다. 비정규직은 동일한 업무를 하면서도 사원복지에 있어서 찬밥 신세이다. 이것은 계층 분열을 조장하는 시스템이다. 이미 신자유주의 정책이 실패했다는 자조 섞인 소리가 나오는 현실에서 신자유주의의 사생아인 비정규직을 지속하는 것은 합당하지 않다. 이제 새로운 변화를 추구해야 한다. 여기에는 노·사·정의 합의와 협력이 필요하다. 고용의 안정과 노동의 즐거움을 회복하여야 한다. 그 핵심은 정직하고 합당한 보상에 있다. 과도한 보상이 아니라 합당한 보상이 필요하다.

기업은 좀 더 사회적 환원에 힘을 써야 한다. 노동계는 상생의 기업윤리를 받아 들어야 한다. 한쪽이 승리하는 것은 마침내 죽음에 이르게 된다. 함께 사는 상생의 노사관계를 만들어야 한다. 이러한 균형 잡힌 시각을 가지고 있어야 한다. 특별

그리스도인의 정치 색깔

히 아르바이트생들의 처우 개선에도 관심을 가지고 있어야 한다. 이것은 국가 경제로 볼 때는 아주 미시적인 부분이다. 하지만 결코 무시할 모습은 아니다. 아르바이트는 사회의 첫 경험을 하는 곳이다. 그런데 첫 경험이 불의하다면 어떠한 결과를 가져오겠는가? 그리고 사회에 대한 불신은 결국 국가적 손실이다. 더구나 아르바이트생 들은 고된 일을 하면서도 불합리한 대우를 받고 있다. 사회적인 기본 보장도 없이 육체적 착취를 당하고 있다. 이것을 아르바이트를 해보지 않은 엘리트 정치인들은 잘 모를 것이다. 그런데 정말 국민을 위한 지도자라면 이러한 눈물의 현장을 결코 무시해서는 안 된다.

또한 대기업에 대한 바른 시각을 가지고 있어야 한다. 한국 사회에서 대기업은 국가의 한 축에서 중요한 일을 감당하고 있는 것은 사실이다. 하지만 대기업이 경영 이기주의에 빠져서 골목상권까지 장악하는 것은 경영생태계를 무너뜨리는 행위이다. 샛강이 살지 못하고 큰 강은 존재 할 수 없다. 골목상권과의 상생이 필요한 이유이다.

이러한 관점에서 대기업의 협력업체와의 상생은 더욱 중요하다. 대기업과 협력업체와 상생관계가 되어지지 않는 한 한국 경제의 미래는 매우 어둡다. 우리의 현실은 협력업체들의 창의성을 극대화하는데 많은 장애물이 있는 것이 사실이다. 대기업은 협력업체들과 경제적 동반자 의식이 필요하다. 이것을 감당하기 위한 정책적 전환이 반드시 필요하다.

이렇듯 노동과 고용에 대한 거시적 정책과 미시적 관심은 지도자의 아름다운 덕목이다. 그러기에 이러한 사실에 대하여 선명한 정책을 가지고 있는지 살피는 것은 정말 중요하다. 취업 대란 시대의 젊은이들의 얼굴에 미소를 다시 찾아 주어야 한다. 물론 중소기업의 구직난도 힘들다는 역설적 상황이 있는 것도 사실이다. 그러나 여기에 중요함이 존재한다. 그것은 중소기업이 가지고 있는 복지이다. 이것이 해결되지 않고는 반복되는 어려움을 겪을 것이다. 그러므로 이 부분에 있어서 공공 정책을 어떻게 가지고 있는지 자세하게 살펴야 한다. 그럴 준비가 되어 있다면 그에게 손이 갈 것이다.

7. 환경 : 개발과 보존을 감당하고 있는가?(창 9:8-17)

"내가 내 언약을 너희와 너희 후손과 너희와 함께 한 모든 생물 곧 너희와 함께 한 새와 육축과 땅의 모든 생물에게 세우리니 방주에서 나온 모든 것 곧 땅의 모든 짐승에게니라 내가 너희와 언약을 세우리니 다시는 모든 생물을 홍수로 멸하지 아니할 것이라 땅을 침몰할 홍수가 다시 있지 아니하리라"(창 9:9-11)

지구의 미래는 환경 문제에 달려있다고 해도 과언이 아니다. 전 세계적으로 환경 문제는 심각한 수준에 이르렀다. 지구 온난화는 급속히 진행되고 있다. 각 나라마다 환경협약을 맺고 있다. 환경은 혼자의 문제가 아니라 지구 공동체의 문제이기 때문이다. 환경 보존은 하나님이 우리에게 맡겨주신 사명이다.

그리스도인의 정치 색깔

많은 학자들이 기독교의 개발 논리가 환경을 파괴하였다고 말하고 있다. 하지만 환경문제는 오히려 참된 성경의 가르침으로 돌아갈 때 해결 할 수 있다. 성경은 만물의 개발과 보존을 명령하고 있다.(창 2:17) 물론 미개발이 성경의 가르침은 아니다. 개발은 하나님의 명령이다. 그러나 그 개발은 반드시 보존과 균형을 맞추어야 한다. 그러므로 무분별한 난개발은 성경의 명령과 위배된다. 최대한 자연을 보존하고, 자연과 함께 사는 방법을 만들어야 한다. 자연이 멈추면 인간도 멈추게 된다.

하나님은 만물을 보존할 것이라고 약속하셨다.(창 9:8-17) 그리고 보존의 책임을 우리에게 맡기셨다. 그러므로 환경보호는 하나님의 명령하심에 온전히 순종하는 것이다. 환경은 하나님의 영광을 드러내는 현장이다. 그러므로 환경이 파괴되는 것은 하나님의 영광을 훼손하는 일이다. 환경 보존을 위한 정책은 인간의 편리함에만 맞추면 안되고 하나님의 영광을 나타내는 일이 되어야 한다. 모든 개발에는 마지막까지 환경 보존을 염두에 두고 시행해야 한다. 한번 파헤친 국토를 되돌리는 것은 너무 많은 희생이 뒤따르기 때문이다.

아마 여기에는 도시 집중 현상을 분산하는 정책이 필요하고, 도시와 농촌을 살리는 정책이 필요하다. 국토가 균형 발전을 이루는 정책을 가지고 있어야 하며, 쉽게 에너지를 얻는 것 보다 좀 어렵지만 건강한 천연 에너지 개발에 힘을 써야 할 것이다.

치적을 위한 정책이 아니라 당장 눈에 보이지 않더라도 국가의 미래를 생각하는 환경 정책을 수립해야 한다. 현실의 평가도 중요하지만 역사의 평가를 생각하는 정책인지 살펴보아야 한다. 잠시 있다 사라지는 안개와 같은 정책은 국가를 위하여 합당하지 않다.

8. 교육 : 재능을 존중히 여기는 교육정책인가?(롬 12:6-8)

"우리에게 주신 은혜대로 받은 은사가 각각 다르니 혹 예언이면 믿음의 분수대로, 혹 섬기는 일이면 섬기는 일로, 혹 가르치는 자면 가르치는 일로, 혹 권위 하는 자면 권위 하는 일로, 구제하는 자는 성실함으로, 다스리는 자는 부지런함으로, 긍휼을 베푸는 자는 즐거움으로 할 것이니라"(롬 12:6-8)

세계 최대의 사교육 시장이 있는 나라가 어딜까? 모르긴 몰라도 대한민국일 것이다. 공부 때문에 스스로 목숨을 끊는 학생이 날마다 늘어나는 나라는 어디일까? 대한민국이다. 이렇게 슬픈 자화상이 있는 이유는 무엇일까? 그것은 오직 성공을 위한 기계로 아이들을 전락시켰기 때문이다. 사람은 제각각 자신만의 재능을 가지고 태어난다. 한 사람도 같은 사람이 없다. 같은 성품도 없다. 모두가 다르다. 그런데 지금 우리의 교육은 같은 사람을 만들고 있다. 그러니 견디지 못하는 것이다. 견디다 못해 죽음을 선택하는 것이다.

이것은 아이들만의 문제가 아니다. 교육 정책의 문제가 크

그리스도인의 정치 색깔

다. 세상이 변해도 교육의 이념은 변하지 말아야 한다. 그런데 우리는 너무나 잘 변하였다. 그리고 그 변화는 재능을 개발하고 존중하는 것이 아니라 모든 교육이 엘리트 교육을 향하여 달리고 있다. 그래서 모든 학생을 일렬로 세우고 승자와 패자를 만들어 내고 있다. 이러한 현상은 학교를 떠나서 사회의 현장에서도 그대로 나타난다. 이제 한번 실수하면 재기할 기회가 보이지 않는다. 한번 들어간 학교가 평생 기준이 되는 이상한 나라에 우리는 살고 있다. 그러니 죽을 힘을 다하여 선행학습에 매달리는 것이다.

미친 열차를 멈추게 해야 한다. 이것은 학부모의 힘만으로는 힘들다. 구조적 개선이 필요하다. 그것도 본래 교육이 가진 목적으로의 회귀가 있어야 한다. 다시금 아이들에게 상상력과 재능을 발견 할 수 있도록 해야 한다. 엘리트 교육을 과감하게 수술 하여야한다. 그리고 엘리트 교육을 가능하게 만들었던 대학도 변해야 하고, 기업도 변해야 한다. 그래야 아이들의 얼굴에서 웃음을 볼 수 있다.

그리고 교육이 공공의 재산이라면 교육을 받을 수 있는 권리에 대한 폭을 넓혀야 한다. 단계적으로 무상교육을 실시하여 대학까지 교육의 보편화를 이루어야 한다. 그래야 대학에 목을 매지 않고, 대학 때문에 목숨을 끊지 않고, 자신의 재능에 따라 삶을 선택할 수 있다. 이렇게 될 때 우리는 모든 영역에서 차별이 사라지고 자신의 영역을 인정받게 될 것이다. 전문인이 인정받는 사회가 건강한 사회이고 성경이 말하는 각자의 은사대로 세워지는 사회이다. 이것은 바로 교육의 현장에서 시작된다.

그러므로 교육정책은 대충 살펴서는 안 된다. 신중하게 살펴야 한다. 그리고 가벼운 정책이나 선심성 정책을 내 놓은 사람은 결코 지도자로 뽑아서는 안 된다. 지도자는 미래를 보면서 오늘을 이끌 수 있어야 한다.

9. 사법정의 : 공의가 하수 같이 흐르고 있는가?(사 10:1-2)

"불의한 법령을 발포하며 불의한 말을 기록하며 빈핍한 자를 불공평하게 판결하여 내 백성의 가련한 자의 권리를 박탈하며 과부에게 토색하고 고아의 것을 약탈하는 자는 화 있을진저"(사 10:1-2)

우리나라 사람 가운데 얼마나 사법부를 신뢰하고 있을까? 그렇게 큰 점수는 받지 못 할 것이라 생각한다. 많은 부분에서 사법부는 법적인 공의보다는 정치적 선택을 한 적이 너무나 많기 때문이다. 그래서 "유전무죄 무전유죄"라는 말이 회자되는 것이다. 유전무죄 무전유죄를 방치하는 정치인은 하나님의 관점에서 볼 때 사악한 존재이다. 또한 정권의 시녀로 전락하였다는 말도 신문 지상을 통하여 흘러 다닌다. 이것은 사법부의 수치이다. 물론 모든 문제에 대하여 전혀 실수가 없어야 한다는 것은 아니다. 사법부 역시 인간인 이상 실수가 존재한

그리스도인의 정치 색깔

다. 이미 지난 역사에서 일어났던 실수를 사과하는 판결이 많
이 나왔다.

　대표적 사건 가운데 하나가 2011년 12월 25일에 무죄 판결을
한 "납북어부 간첩 사건"이다. 이 사건으로 무고한 시민 두 사
람이 억울한 옥살이를 하였고 죽음을 맞이하였다. 새로운 재판
부는 이 사건이 잘못 되었음을 인정하고 사과하였다. "재판부
는 "피고인들이 당시 불법구금과 고문, 가혹행위를 당해 허위
자백을 한 것으로 보인다. 피고인들이 북한의 지령을 받고 국
가기밀을 탐지했다거나 북한을 찬양했다고 인정할 증거가 부
족하다." 고 판결한 후에 "인권의 최후 보루여야 할 사법부가
제 역할을 하지 못해 피고인들과 같은 억울한 피해자를 낳아
온 것에 대해 사법부의 일원으로서 깊이 사과드린다. 고인들
이 영면하시기를 기원한다."[178]고 하였다. 얼마나 기가 막힌 일
인가? 이러한 일은 결코 일어나지 말아야 한다. 그러나 지금
도 이전의 판결이 뒤집히는 경우가 이루어지고 있다. 잘못된
판결은 개인은 물론이고, 가족 전체에 말로 표현할 수 없는 고
통을 안겨준다.

　또한 얼마 전 "부러진 화살"이라는 영화가 개봉되어 사람들
의 주목을 받았다. 한 대학교수의 실제 사건으로 사법부에 대
한 불신이 가득한 내용이었다. 영화 속 사법부는 학연, 지연,
혈연 등 부정부패의 정석을 보여 주는 부패한 집단 그 자체였
다. 이것이 영화가 아니라 일반 시민들의 법 감정이라면 이것
은 참으로 위기이다.

8장 | 그리스도인의 정치 선택

검찰과 재판부의 불신은 국가 전체로 볼 때 치명적인 아픔이다. 가장 정의롭고 공정해야 할 사법부가 부패하면 그 나라의 미래는 암담하다. 자신들의 힘을 가지고 돈과 권력을 탐하는 것은 국가를 무너뜨리는 일이다. 그러므로 사법부는 그 어떤 기관보다도 정직하고 투명해야 한다.

공정한 법 집행이 일어나지 않으면 그 사회는 발전할 수 없다. 불의함을 가슴에 품은 사람이 많아지면 마침내 폭동이 일어난다. 그러므로 무엇보다도 공의가 하수같이 흘러야 한다. 성경은 입법부와 사법부의 중심에 서서 불의한 법을 만들고 그 법을 이용하여 불공정한 판결을 내려 백성들의 권리를 박탈하고, 그들의 재산을 약탈하고, 약자들을 억압하는 행위가 불법이며, 결국 그들의 행위에 대하여 심판을 받게 될 것을 분명하게 말씀하고 있다.(사 10:1-2)[179]

하나님은 공의가 하수같이 흐르기를 기뻐하신다. 하나님이 원하시는 것은 정의가 시행되는 것이다. 그러므로 법으로 장난치는 이들은 반드시 하나님이 징계하신다. 민주주의 사회는 삼권이 분립된 체제이다. 삼권 분립을 온전하게 지키려는 정치가 바른 정치이다. 현존하는 권력으로 민주주의의 근본을 허무는 이들은 하나님의 심판대 앞에서 슬피 울며 이를 가는 인생이 될 것이다.

법은 모든 사람에게 평등하여야 한다. 법이 물질과 권세에 따라 고무줄처럼 달라진다면 그 사회는 절망적인 사회이다. 그러므로 누가 민주주의의 대원칙을 바르게 지키고 실행하는지

그리스도인의 정치 색깔

보아야 한다. 특별히 약자를 차별하는 법 집행은 결코 용인되어서는 안 된다. 이것은 하나님의 정의에 정면으로 배치된다.

10. 공공정책 : 공공의 정책(육아, 부동산, 의료)을 중요시하는가?(레 25:23)

"토지를 영영히 팔지 말 것은 토지는 다 내 것임이라 너희는 나그네요 우거하는 자로서 나와 함께 있느니라"(레 25:23)

국가의 존재 이유를 이미 살펴보았다. 국가는 불의를 막는 공적인 정의를 감당해야 한다. 그리고 국가의 일원들이 삶의 질을 높일 수 있는 역할도 수행하는 것이다. 사회 구성원들의 삶의 질을 풍요롭게 하는데 온갖 지혜를 짜내어 실행하는 것이 바로 국가를 세운 목적이다. 그래서 공적인 권위를 부과한 것이다. 그렇지 않다면 공적 권위를 위임하여 줄 필요가 없다.

그렇다면 국가가 수행하여야 할 공공의 정책은 무엇인가? 크게 세 가지로 생각할 수 있다. 첫째 육아 정책이다. 육아에 대한 장기적이고 심도 있는 정책이 중요하다. 지금 결혼 연령도 높아지고, 자녀 교육도 힘들다고 아우성이다. 이러한 현실은 자연스럽게 출산을 포기하게 만들고 있다. 현재 상태라면 앞으로의 우리나라 미래는 암울하다. 육아를 개인에게 맡기는 시대는 지났다. 공동체가 함께 힘을 모아야 한다. 그리고 다양한 육아정책에 대하여 정부가 힘을 실어 주어야 한다. 예를 들자면 홈스쿨링과 공동육아, 또는 대안학교에 대한 전향적인 정책을 실행하여야 한다.

두 번째는 부동산 정책이다. 7장에서 살펴보았듯이 우리는 현재 전세대란의 시대를 살고 있다. 전세 이민이라는 말이 나올 정도로 심각한 수준에 와 있다. 그러므로 부동산 정책은 공공정책 가운데 매우 심각한 상황에 있다. 집은 비빌 언덕과 같다. 사람이 잠만 잘 수 있는 공간만 안정적으로 있다면 다시금 일어날 수 있는 최소한의 힘이 된다. 그런데 우리시대의 문제는 이러한 비빌 언덕이 무너져서 부동산 난민이 되어 버린 것이다. 그러므로 부동산 정책에 대한 확고한 비전과 의지를 보아야 한다. 일부의 토건 족을 위한 정책이 아니고, 투기 자본을 만들어 내는 정책이 아니라 지역을 살리는 정책을 펴야 한다. 누구라도 집 때문에 불안해하는 일은 없애야 한다. 이것은 이미 밝혔듯이 공공 임대 주택을 충분히 공급하므로 거품에 싸인 부동산 가격을 안정시켜야 한다. 그러나 여기서 한 가지 확인 할 것은 서민들의 수준에 합당한 공공 임대 주택이라는 것이다. 말만 공공 임대 주택이고 실상은 감당하기 어려운 임대료를 책정한 경우를 종종 본다.[180] 이것은 허울 좋은 개살구일 뿐이다. 현실에 맞는 합리적인 가격이 필요하다.

성경은 토지는 하나님의 것이라고 선언하고 있다. 누구도 토지를 만든 사람이 없다. 토지는 철저하게 공공재이다. 그러므로 공공재에 합당하게 사용하여야 한다. 그리고 집은 소유의 개념이 아니다 거주의 개념이다. 이러한 분명한 가치 위에 부

그리스도인의 정치 색깔

동산 정책을 펼 수 있어야 한다.

세 번째 보건 의료정책이다. 문명화 될수록 중병이 많이 발병하고 있다. 이제 암은 4명 중 1명이 걸리는 병이 되었다. 그만큼 우리 사회에 큰 부담이 된다. 하지만 의료보험은 아직도 막막한 것이 참으로 많다. 의료보험 혜택이 되지 않는 분야도 많이 있어서 가계 부담에 엄청난 짐이 되고 있는 것이 사실이다. 거기에 의료분야를 공공이 아니라 민영으로 옮기려는 로비가 지속되고 있다. 그러므로 분명한 정책을 가지고 있어야 한다. 의료는 삶의 질에 지대한 영향을 주고 있다. 그리고 삶의 질을 높이는 것은 국가의 임무이다. 공공정책은 하나를 위한 것이 아니라 모두를 위한 것이다.

11. 가정 : 가정을 세우고 있는가?(잠14:11, 17:1)

"악한 자의 집은 망하겠고 정직한 자의 장막은 흥하리라"(잠 14:11)

"마른 떡 한 조각만 있고도 화목하는 것이 제육이 집에 가득하고도 다투는 것보다 나으니라"(잠 17:1)

지금은 가정의 붕괴 시대라고 할 정도로 곳곳에서 신음 소리가 나고 있다. 보건복지부는 지난해 하루 평균 840쌍이 결혼하고, 이 수치의 절반에 가까운 398쌍이 이혼을 해서 47.4%의

비율이 나타났다고 밝혔다. 이혼율이 50%에 육박하고 있으며, 미혼모들의 숫자는 점점 늘어가고, 가출하는 학생들은 한 해 10만 명을 넘고 있다. 가족이 해체되고 스위트 홈은 추한 냄새가 나고 있다. 가정은 한 나라의 가장 기초적인 기반이다. 그런데 지금 그 기반이 흔들리고 있다. 이것은 앞으로 국가의 미래가 위태함을 보여준다.

큰 지진이 일어나기 전에 작은 지진이 여러 번 일어난다고 한다. 경고를 주는 것이다. 그런데 경고를 무시하면 큰 지진이 일어났을 때 비참한 결과를 맞이한다. 가정이 붕괴되고 있다는 신호가 곳곳에서 들려온다. 이것을 심각하게 받아들이고 적절하게 대응하여야 한다. 그것이 사는 길이다.

그렇다면 어떠한 모습이 필요한가? 우선 남성들의 기업 문화를 바꿔야 한다. 잦은 야근과 회식 문화는 가정을 세우는 데 큰 걸림돌이 된다. 가장을 일찍 집에 보내야 한다. 그런 의미에서 술자리가 많은 회식 문화를 근본적으로 바꿀 수 있는 정책을 수립해야 한다. 그리고 불안한 직장 생활을 유지하지 않도록 해야 한다. 경제 민주화의 관점에서도 보았지만 비정규직의 증가는 가정을 건강하게 만들지 못한다. 이런 측면에서 국가와 기업은 가정을 세우는데 지대한 역할을 하고 있다고 할 수 있다.

지금은 여성들의 산전·산후 휴가가 어느 정도 보장은 되어 있다. 물론 아직도 갈 길은 멀다. 일부 중소기업은 여전히 여성들의 임신을 못 마땅하게 여기고 퇴사를 권하고 있다. 정부

그리스도인의 정치 색깔

가 이러한 현실을 잘 파악하여 적절한 지도가 있어야 한다. 아울러 이제 한 걸음 더 나가서 남편들의 출산휴가도 장려하여야 한다. 가정이 건강하면 기업도 건강하고 국가도 건강해진다.

"미국의 유명한 여성 상무장관의 남편이 자살소동을 벌인 적이 있었습니다. 아내가 상부장관이 되기 전에 그 부부는 같은 대학의 교수로 서로 끔찍이 사랑하며 즐겁게 지냈습니다. 그러나 아내가 상무장관이 되고나서는 늘 워싱톤에서 살다시피 하므로 일주일 내내 아내의 얼굴조차도 보기가 어렵게 되었습니다. 가정생활의 즐거움을 잃어버린 남편은 그만 삶의 기쁨마저도 잃고 말았습니다. 여성해방 운동가들의 환호나 상무장관의 명성으로도 아무런 기쁨을 맛보지 못한 남편은 결국 자살을 시도하게 되었던 것입니다. 결국 가정생활이 파탄에 이르자 상무장관인 아내는 단호히 장관직을 포기하고 가정을 택하여, 잃어버렸던 가정의 행복과 안정을 되찾게 되었다고 합니다.

가정은 이 세상의 어느 곳보다도 따뜻하고 좋은 곳입니다. 부부간의 사랑과 부모 자식 간의 사랑, 그리고 형제간의 사랑이 피어나는 가정이야말로 하나님께서 보시기에 아름다운 가정일 것입니다."[181]

"가정은 민족의 행운의 원천이며 동시에 불의의 원천이다"[182] 종교개혁자 마틴 루터의 말이다. 가정이 어떻게 세워지느냐에 민족의 문제가 달린 것이다. 그러므로 가정의 소중함을 알고 정책에 반영하고 있는지 잘 살펴야 한다. 가정이 보이지 않으면 국가도 보이지 않는다.

또한 다문화 가정이 우리 사회의 한 축으로 자리 잡고 있다. 이것을 무시하면 안 된다. 다문화 가정에 대한 세밀한 정책이 필요하고 함께 사는 지혜를 만들어 내야 한다. 다문화 가정에 대한 실질적인 정책을 잘 감당할 때 국가는 건강해질 것이다. 이것은 피할 수 없는 과제가 되었다.

12. 문화 : 문화의 다양성을 만들고 있는가?(출 36:1)

"브살렐과 오홀리압과 및 마음이 지혜로운 사람 곧 여호와께서 지혜와 총명을 부으사 성소에 쓸 모든 일을 할 줄 알게 하심을 입은 자들은 여호와의 무릇 명하신 대로 할 것이니라"(출 36:1)

21세기는 문화의 시대다. 누구도 이 말에 대하여 부정하지 못할 것이다. 우리는 문화의 시대 한 복판에 와 있다. 그리고 이 문화는 지역 문화를 넘어서 세계 문화를 공유하고 있다. 다양한 문화가 공존하는 세상이 되었다. 그러므로 문화에 대한 깊은 이해는 매우 중요하다. 문화는 한 나라의 수준을 평가한다. 문화의 수준만큼 그 나라의 국격은 정해진다. 그러므로 문화를 바로 알고 육성하는 것은 매우 중요하다.

문화는 사람들의 보편적 생활 방식을 의미한다. 여기에 대중 문화가 중요한 역할을 하고 있음을 부정하지 않는다. 그러나 문화는 대중문화만을 의미하지 않는다. 문화는 삶의 양식이기 때문에 문화를 창출하는 것은 정말 중요하다. 이것이 바로 문화의 다양성이다.

문화의 다양성이라는 측면에서 지역문화를 개발하고 보존하는 일이 중요하다. 이 일에 아낌없이 투자하는 것은 중요하다. 문화는 흐르는 물과 같아서 막으면 썩는다. 잘 흘러가게 해야 한다. 그래서 지역문화가 꽃을 피우도록 세심한 배려가 필요하다.

그런 의미에서 문화를 자본 독점가들이 독차지 하도록 시장 경제체제로 모는 것은 참으로 한심한 일이다. 문화는 긴 시간 동안 삶과 호흡하면서 만들어 진다. 그러려면 인내하고 기다리며 후원하면서 키워야 한다. 그런데 지금의 현실은 자본이 문화를 독식하여 다양성을 해치고 있다. 이것은 국가 전체를 위하여 결코 유익하지 않다. 문화는 독점이 아니라 다양성이 중요하다. 그래야 풍성하고 화려한 열매를 맺을 수 있다.

그러기에 문화에 대한 기본적인 인식과 다양성 문화에 대한 지원이 분명해야 한다. 지금도 다문화 가정의 증가로 다양한 문화가 공존하고 있다. 이러한 모습은 앞으로 더욱 증가 될 것이다. 이러한 시대적 변환기에 문화에 대한 포괄성과 포용성을 갖추지 못하면 국민을 통합하지 못할 것이다.

그러나 동시에 사람의 영혼을 멍들게 하고, 공동체를 파괴하는 사악한 행위에 대하여는 더욱 분명한 자세를 가지고 있어야 한다. 문화의 주체성은 공동체를 세우는데 그 기본이 있다. 우리는 원조교제를 문화라고 말하지 않는다. 이것은 범죄다. 문화는 공동체를 세우는 것이다. 그러므로 참된 지도자는

문화의 다양성을 인식하면서 동시에 문화의 독성도 잘 분별할
수 있어야 한다.

13. 평화와 통일 : 평화를 추구하는가?(사2:4)

**"그가 열방 사이에 판단하시며 많은 백성을 판결하시리니 무리
가 그 칼을 쳐서 보습을 만들고 그 창을 쳐서 낫을 만들 것이며
이 나라와 저 나라가 다시는 칼을 들고 서로 치지 아니하며 다
시는 전쟁을 연습지 아니하리라"(사 2:4)**

우리나라는 세계에서 남북으로 나뉜 최후의 분단국가이다.
아직도 휴전선 66마일에는 서로가 총부리를 겨누고 대치하고
있다. 그래서 정치의 계절만 오면 북풍을 이용한다. 평상시에
아무런 문제가 없다가 정치의 계절이 오면 슬며시 꺼내서 이용
한다. 이것이 우리의 현실이다. 존재하는 휴전선은 언제든지
정치의 먹이 감이 될 수 있다.

이러한 현실은 시민들의 삶을 위협한다. 언제 어떠한 위급
상황이 벌어질지 모르기 때문이다. 이미 서해안에서는 해상충
돌이 있었고, 휴전선 곳곳에서는 산발적인 교전도 있다. 그리
고 때만 되면 불바다 이야기가 나오는 것이 현실이다. 전쟁의
위기가 항상 존재하고 있다. 그러므로 정치 지도자의 생각은
매우 중요하다.

예수님은 칼을 사용하는 자는 칼로 망한다고 하였다. 하나님

의 나라는 칼을 쳐서 보습을 만들고 창을 쳐서 낫을 만들어 사용한다. 더 이상 전쟁의 역습이 없는 나라이다.(사 2:4, 미 4:3) 하나님 나라는 참된 샬롬(평화)이 이루어진 나라이다. 하나님이 원하시는 것은 전쟁이 아니라 평화이다. 평화가 모든 이들을 풍요롭게 만든다.

물론 이 평화는 첫째로 전쟁이 없는 상태를 의미한다. 전쟁이 존재하는 한 평화는 기대할 수 없다. 그러므로 평화에 대한 비전을 가지고 있어야 한다. 동북아의 지정학적 상황을 잘 고려하고, 잘 준비할 수 있어야 한다. 더구나 우리는 통일을 위하여 최선의 역량을 쏟아 부어야 한다. 점점 통일에 대한 생각이 무디어지는 시대를 맞이하고 있다. 분단은 민족의 가장 큰 슬픔이다. 그리고 국가의 건강성을 해친다. 통일에 대한 분명한 식견이 있어야 한다. 그렇지 않으면 불안만 조장한다.

사실 평화는 준비된 지도자가 아니면 이룰 수 없다. 평화는 보수와 진보를 넘어서는 가치이다. 왜냐하면 전쟁이 일어나면 모두가 공멸하기 때문이다. 공멸을 원하는 지도자를 지지할 수 없다. 물론 평화에 대한 정책이 다를 수 있다. 그러므로 잘 살펴야 한다. 무엇이 현재와 미래를 위하여 가장 합리적이고 유익이 되는지 보아야 한다.

두 번째로 평화는 하나님의 정의가 온전히 이루어진 상태다. 전쟁이 없는 상태가 소극적 평화라면 정의가 충만한 상태는 적극적인 평화라고 할 수 있다. 전쟁이 없더라도 정의가 상실되면 또 다른 분란이 일어난다. 그것은 평화라고 할 수 없다. 그러므로 참된 평화는 정의를 기반으로 전쟁이 없는 상태를 의미한다고 할 수 있다.

14. 소통 : 통합과 소통을 실천하고 있는가?(겔 37:16-17)

"인자야 너는 막대기 하나를 취하여 그 위에 유다와 그 짝 이스라엘 자손이라 쓰고 또 다른 막대기 하나를 취하여 그 위에 에브라임의 막대기 곧 요셉과 그 짝 이스라엘 온 족속이라 쓰고 그 막대기들을 서로 연합하여 하나가 되게 하라 네 손에서 둘이 하나가 되리라"(겔 37:16-17)

정치의 가장 큰 적은 분열과 불통이다. 분열은 공동체를 피폐하게 만든다. 삶을 짜증나게 만드는 것이 바로 분열이다. 많은 이들이 정치적 무관심에 이른 것은 통합의 정치를 보지 못했기 때문이다. 정상적인 대결을 보지 않고 대승적인 결단도 보지 못했다. 매일 보는 것이 비방과 싸움과 분열이다. 그러나 누가 정치를 신뢰하겠는가? 기회만 있으면 지역분열, 계층 분열, 남녀 차별,[183] 학력 차별, 반공 색깔론에 지쳐있다. 긴 정치의 역사에서 사람 살리는 정치보다는 사람 죽이는 정치에 열을 내었던 우리의 역사이다.

예수님은 우리의 화평이다. 예수님은 분열이 있는 곳에 일치를 선물하셨다. 예수님 안에서는 모두가 가족이다. 예수님 안에서는 하나 됨이 존재한다. 이제 정치가 예수님의 정신을 본

받아 분열이 아니라 자신의 정체성을 가지고 통합의 정치를 펼쳐야 한다. 국민을 분열시키는 정치는 망국의 지름길이다. 누가 이런 일을 하고 있는지 잘 살펴야 한다.

그런데 이러한 통합은 소통을 전제로 이루어진다. 소통이 불통이 되면 통합은 불가능하다. 소통이 통합을 이루어 간다. 그런데 이 소통은 정직함이 그 원천이다. 정직하지 않으면 소통할 수 없다. 역사에 대하여 정직하여야 하고, 삶에 대하여 정직해야 한다. 정직이 무너지면 불신이 생기고 불신은 분열을 만든다. 그러나 정직하면 조금 힘들어도 삶을 행복하게 만들어 준다. 이제 정치의 영역에서 정직하지 않은 자들은 과감하게 도려내야 한다. 인정과 인간관계 때문에 정의에 눈을 감으면 국가는 어두움에 떨어지게 된다. 그리고 다음 세대는 점점 힘들어 진다. 특별히 역사 앞에 정직하여야 한다. 역사를 두려워하고, 역사의 심판을 생각하면서 살아야 한다. 그래야 소통할 수 있다. 또한 소통은 조건을 내세우면 안 된다. 소통에는 조건 없는 만남과 나눔이 있어야 한다. 권모와 술수가 난무한다면 그 사회는 소망이 없다. 누구든지 만날 수 있는 그러한 자신감이 있는 정치가 필요하다.

그런 측면에서 사람을 옭아매는 정책을 펼친다면 그것은 가장 불행한 것이다. 이것은 언론과 의사소통의 자유를 말한다. 어디선가 누군가가 자신을 감찰하고 있다고 생각한다면 사람들은 주눅 들고 상상력 있는 삶을 살지 못한다. 그렇다고 쓰레기 정보를 용인하자는 것은 아니다. 쓰레기는 치워야 한다. 그렇다고 쓰레기통까지 버릴 수는 없다. 통합과 소통은 국민들의 삶의 질을 높이게 한다.

15. 소명 : 소명의 정치를 하는가?(마 25:14-30)

"너희의 각 지파에서 지혜와 지식이 있는 유명한 자를 택하라 내 가 그들을 세워 너희 두령을 삼으리라 한즉"(신 1:13)

정치인도 일종의 직업인이다. 직업에 있어서 가장 중요한 것 은 직업정신이다. 직업정신이 없이는 결코 성공할 수 없다. 직 업정신은 무엇보다도 필요하다. 그런데 이 직업정신은 성경적 인 의미로 "소명"에 가깝다. 소명은 단지 내 배만 부르는 정치 를 하지 않는다. 정치가 주는 의미를 심장에 새기고 감당한다. 그래서 장사꾼의 정치가 아니라 직업적 소명을 가지고 정치를 해야 한다. 그런 의미에서 철새 정치인들은 직업적 소명에 있 어서 결코 후한 점수를 받을 수 없다.

하나님은 첫 사람 아담을 창조하시고 그에게 이 땅을 다스 리는 직임을 맡기셨다. 즉 하나님을 대신하여 통치하는 대리 통치자의 소명을 받았다. 그 소명을 충실하게 감당하는 것이 바로 사명이다. 사명은 주어진 일을 하는 열심과 끈기와 인내 이다. 그러나 이 사명을 감당하려면 소명이 있어야 한다. 소 명이 없이는 사명은 결코 이룰 수 없다. 막스 베버는 『프로 테스탄트 윤리와 자본주의 정신』에서 서구 자본주의가 발전

할 수 있었던 것은 바로 칼빈주의자들의 소명의식이 가장 큰 역할을 하였다고 보았다. 한 시대를 움직이는 강력한 힘은 바로 소명이다.

그런데 이 소명이 정치인에게 정말 중요하다. 장사꾼으로 하는 정치인은 한탕하려고 온갖 술수를 쓸 것이다. 그러나 소명자로서의 정치인은 자신을 위하여 사는 것이 아니라 조국과 백성들을 위하여 자신의 모든 재능을 헌신한다. 역사는 이러한 정치인을 통하여 백성들의 눈물을 닦아 주었다. 하나님은 때때로 이러한 정치인을 준비시켜 놓았다. 그리고 우리에게 그 정치인을 선택할 자유를 주셨다.

한탕주의 정치인이 아니라 자신의 인생을 온전히 바치는 정치인을 선택해야 한다. 이것은 쉬운 것이 아니다. 그러나 찾아야 한다. 다윗과 같은 준비된 멋진 정치인을 분별하고 선택하여야 한다. 바르게 선택하는 일이 우리에게 주어졌다. 우리의 선택을 심사숙고하여야 한다.

모세는 광야 40년 생활을 끝내고 약속의 땅 가나안 입성을 앞두고 이스라엘 백성들에게 중요한 제안을 한다. 그것은 이스라엘 공동체를 이끌 지도자를 선출하라는 것이다. 그러면서 이들에 대한 기준을 제시한다. 그 기준은 바로 "지혜와 지식이 유명한 자"이다. 이 말은 "지혜와 분별력"이 있는 사람을 뽑으라는 것이다. 그리고 이들에게 나라를 맡기라고 권면한다. 모세가 제안한 "지혜와 분별력"이 있는 지도자는 정말 중요하다. 우리가 뽑아야 할 지도자는 바로 "지혜와 분별력"이 충만해야 한다. 지혜와 분별력은 백성을 살찌우게 하고, 백성들의 마음을 행복하게 하고, 가난한 사람에게 희망을 주고 하나님을 영화롭게 만드는 자이다. 15가지의 기본적 내용을 중심으로 "지혜와 분별력"을 가지고 있는 지도자인지 분별해야 한다. 이것이 우리에게 맡겨진 최소한의 사명이다.

그리스도인의 정치 색깔

에필로그 | 공적 영역에서의 그리스도인

오늘날 한국 기독교인들이 다양화된 사회 속에서 어떠한 대접을 받고 있을까? 정말 많은 고민을 하였다. 예수 믿는 것이 자랑스러웠던 시절이 엊그제 같은데 지금의 현실은 참으로 가슴 아프다. 한국 역사 가운데 기독교가 미친 영향은 이루 말할 수 없다. 한국 교회는 이 땅의 민주 시민 사회를 형성하는데 있어서 한 축을 담당하였다. 교육과 정치 그리고 경제에 있어서 한국 교회와 그리스도인들의 역할은 눈부신 것이 사실이다. 그런데 이러한 역사적 사실이 분명함에도 불구하고 한국 교회의 성적은 어떠한가? 놀랍게도 기윤실이 조사한 바에 의하면 그 성적표는 C+로 참으로 부끄럽다. 이러한 초라한 성적표를 받아야만 하는 이유가 어디에 있을까? 그것은 공정인 영역에서의 한국 교회의 모습 때문이다.

한국 교회가 공적인 영역에서 인정받지 못하고 있다는 사실은 기윤실이 지난 3년 동안 실시한 한국 교회의 신뢰도 조사가 잘 보여주고 있다. 이를 보면 해마다 마음을 아프게 하는 변하지 않는 항목이 있다. 그것은 신뢰에 대한 부정적인 생각이 그리스도의 이중적 태도와 배타적 태도 때문이라는 통계다. 한국 교회와 그리스도인이 다양성이 공존하는 현실에서 인정받지 못하고 있음을 보여주는 아픔이다.

한국 교회와 그리스도인은 교회 내적으로는 건강하고 큰 문제가 없다고 인정하고 있다. 실제로 통계수치도 그러하다. 하지만 공적인 영역에만 오면 맥을 못 춘다. 그것은 시민 사회라고 하는 공적인 영역에서 기독인들이 보여주고 있는 미숙한 모습 때문이다.

이미 언론을 통하여 알려졌듯이 미숙한 신앙의 모습들이 많은 이들의 얼굴을 찡그리게 하였고 한국 교회를 향한 부정적 이미지를 만들어 내었다. 마치 세상은 성숙한 사회를 만들어 가고 있는데 이러한 현실에 가장 미숙한 이들이 바로 기독교인이라고 보이는 것 같아서 얼마나 씁쓸하였는지 모른다.

이러한 모습은 신앙적 배타성 때문이 아니라 실천적 배타성 때문이다. 즉 신앙의 고유한 권한에 대하여 어느 누구도 침범할 수 없다. 문제는 이러한 신앙의 견고함이 실천적 배타성으로 왜곡되었기 때문에 한국 교회가 힘을 발휘하지 못하는 것

그리스도인의 정치 색깔

이다. 이것을 일부는 이원론적 신앙이라고 말한다. 그러나 이원론적 신앙보다는 실천적 배타성이 더욱 한국 교회에 난무하고 있다. 우리가 신앙의 고유성을 견고하게 유지하면서 삶의 문제에 있어서는 함께 고민할 수 있어야 한다. 쉐퍼의 말처럼 동맹군도 필요하지만 때때로 사안에 대하여 공동 참전 용사가 될 필요도 있다. 이것은 신학적으로 견고하다면 얼마든지 가능한 일이다. 실천적 배타성을 극복하는 것이 성숙한 길로 가는 것이다.

건강한 기독 시민의식은 미숙한 신앙을 벗어나는데서 시작한다. 성경은 우리에게 어린 아이와 같이 젖만 먹지 말고 장성한 자와 같이 단단한 음식을 먹을 수 있도록 자랄 것을 말씀한다. 그런데 한국 교회가 세워진지 125년이 넘어가는 시점이지만 아직도 그리스도의 초보에 머물러 있는 것처럼 보일 때가 많아 참으로 부끄러울 때가 많다.

더 이상 부끄럽고 미숙한 자리에서 머물러서는 안 된다. 빨리 벗어나야 한다. 그리고 시민 사회를 향한 성숙하고 영향력 있는 존재가 되어야 한다. 그러기 위해서 우리의 자리를 잘 살펴보고 다시금 우리의 모습을 다져야 한다. 그리스도인인 우리는 어떻게 살아야 할 것인가? 이 질문에 분명한 답을 가져야 한다. 공적인 영역을 살아가는 기독교인의 준비는 어떠해야 할까? 우선 성경적 세계관에 입각한 건강한 기독시민의식을 갖출 것을 말하고 싶다.

무례한 기독교의 저자인 리차드 마우는 시민교양이란 공적인 예의라고 하였다. 이 말은 다양한 삶의 현장에서 중용을 잘 지키고, 타자를 향한 예의있는 모습을 갖추는 것이라 할 수 있다. 그런 면에서 기독시민의식은 기독교인들이 공적인 영역에서 예의 있는 삶을 사는 것이라 할 수 있다.

특별히 공적인 영역에서 기독인들이 힘써야 할 우선적 부분은 정직이다. 성경은 이 부분에 대하여 아주 분명하고 명확하다. 정직은 기독교인을 기독교인답게 만든다. 작은 부분에서부터 정직을 실천할 수 있어야 한다. 적어도 기독인은 이 부분에 있어서 모범이 되어야 한다. 교회에서부터 정직하게 재정을 사용하고, 정직하게 직분자를 세우고, 정직하게 설교하여야 한다.

또한 책임의식이 분명하여야 한다. 되면 좋고 안 되면 어쩔수 없는 것이 아니라 맡은 일에 있어서는 분명하게 책임의식을 가지고 있어야 한다. 이것은 견고한 역사의식을 요구한다. 우리가 살고 있는 이 땅에 대한 분명한 역사와 책임의식을 가지고 있어야 한다. 이것이 멋진 그리스도인의 모습이다.

그리고 배려심을 함양해야 한다. 진리에 대하여 분명하지만 온유함과 사랑이 없이는 진리가 빛을 발하지 못한다. 그래서 성경은 사랑으로 진리를 전하라고 말한다. 그런데 이 사랑에는 무엇보다도 상대방을 향한 배려심이 자리 잡아야 한다. 배려심이 있을 때 배타적이 되지 않고, 인격적인 관계를 형성한다. 누구라도 그리스도인을 만나면 인격적인 존재임을 느낄 수 있어야 한다. 참된 신앙은 인격에서 판가름 난다. 말과 행동에서

그리스도인의 정치 색깔

인격적인 모습이 나타날 때 매력적인 기독교인이 될 것이다.

물론 다원주의 사회에서 기독교인이 가지고 있는 한계가 분명이 존재한다. 우리는 이것을 감수하여야 한다. 왜냐하면 성경이 말하는 구원의 유일성 때문이다. 하지만 이 유일성이 대화의 방해가 아니라 주제가 될 수 있게 해야 한다. 이것은 우리가 다원주의 사회 속에서 감당해야 할 몫이다. 사회는 점점 다양화되고 종교적 문제에 더욱 민감하게 반응할 것이다. 그리고 정치적 결단은 점점 복잡해 질 것이다. 이러한 현실을 이기는 시작은 성경적 세계관에 입각한 건강한 기독시민의식의 고양이다.

하나님은 우리가 무관심한 존재로 살기를 원하지 않는다. 오히려 적극적인 삶을 기대하신다. 이것이 우리를 세상으로 보내신 이유이다. 우리는 세상을 변화시키는 소명을 받았다. 이 길이 쉽지 않지만 걸어가야 한다. 그렇게 가다보면 하나님의 나라가 완성 될 것이다.

이제 졸고를 마치면서 하나님의 열심과 믿음의 선배들의 열심에 다시금 감사한다. 하나님의 열심이 없었다면 오늘 이 시간이 존재하지 않았을 것이다. 이 작은 책은 그 동안 많은 고민의 작은 묶음이다. 앞으로 더욱 주어진 시간 동안 최선을 다하여 앞으로 달려가고 싶다. 하나님께서 그러한 은혜를 다시금 주시기를 늘 기도한다. 거룩하신 하나님께 모든 영광을 돌린다.

참고 도서

1. 김민웅 "한국 교회의 정치 차며, 그 올바른 진로를 위해-2007년 대선의 국면에서", 『2007 기독교 사회포럼, 서울, 2007』

2. 김명수, 『초기 기독교 예수 운동에 나타난 공 경제윤리』(신학사상 150집, 2010 가을)

3. 김선욱외, 『어떻게 투표 할 것인가?』(서울:기윤실IVP,2012)

4. 김인호, 『비기독교 대학생이 본 한국 기독교』(서울: 죠이선교회, 1978), 62-3

5. 김재성. 『가난한 부자』(서울: 선교햇불, 2008)

6. 김회권, "오늘날 한국 교회에 요구되는 성서적 정치 실천", 『기독교화 정치 컨퍼런스 ②』(서울, 2007)

7. 김현대외 2인, 『협동조합 참 좋다』(서울: 푸른지식, 2012)

8. 박명곤, 『칼빈의 신앙교육서』(서울: 크리스챤다이제스트, 2001)

9. 박용규, 『초대 교회사』(서울: 총신대학 출판부, 1995)

10. 서철원, 『신앙과 학문』(서울: 기독교문서선교회, 1988)

11. 성인경, 『라브리 편지』(서울: 라브리,1992)

12. 신동식, 『세잔의 사과-성경적 세계관과 사회변혁의 삶』(서울: 토라, 2006)

13. 신동식, 『정직한 성도, 신뢰 받는 교회를 위한 30일 여정』

(서울: 예영커뮤니케이션, 2009)

14. 양낙홍, 『개혁주의 사회 윤리와 한국 장로교회』 (서울: 개혁주의신행협회, 1994)

15. 양낙홍, 『한국 기독교의 사회 윤리적인 책임』 (서울:IVP, 1998)

16. 양낙홍, 『깨끗한 부자, 가난한 성자』 (서울: IVP, 2012)

17. 유시민, 『국가란 무엇인가?』 (서울: 돌베개, 2011)

18. 정성구, 『칼빈주의 연구』 (서울: 한국 칼빈주의 연구원, 1994)

19. 그레헴 메이첸, 『기독교와 자유주의(CHRISTIANITY AND LIBERALISM)』, 김길성 역(서울: 크리스챤출판사, 2004)

20. H. E. S, 볼드링, 『기독교 민주주의』 (서울: 한국기독교정치연구소, 2005)

21. 마틴 로이드손스, 『로마서 강해 13』, 서문 강 역 (서울: 기독교문서선교회, 2003)

22. 아브라함 카이퍼, 『삶의 체계로서의 기독교』, 서문 강역 (서울: 새순출판사, 1992)

23. 오스카 쿨만, 『국가와 하나님의 나라』, 민종기역 (서울: 여수룬, 1999)

24. 에디스 쉐퍼, 『라브리』, 박경옥, 박하영 공역 (서울: 호도애, 1994)

25. 프란시스 쉐퍼, 『기독교 선언(Christian Manifesto)』, 김정훈 역 (서울: 보이스사, 1982)

26. 프란시스 쉐퍼, & C. 에베레트 쿠프, 『인간, 그 존엄한 생명(Whatever Happended to the Human Race?)』, 김재영 역(서울: 라브리, 1988)

27. 프란시스 쉐퍼, 『기독교와 정부 그리고 시민 불복종 운동』, 김종철 역,(서울: 예영커뮤니케이션, 1994)

28. 존 딜렌버거 편, 『루터 저작선』, 이향기 역 (서울: 크리스챤다이제스트, 1996)

29. 존 스토트, 『그리스도의 십자가』 황영철, 정옥배 공역 (서울 : IVP, 1991)

30. 짐 월리스, 『하나님의 정치』, 김성묵역 (서울: 청림출판, 2008)

31. 짐 월리스, 『그라스도인이 세상을 바꾸는 7가지 방법』 배덕만역 (파주; 샬림, 2009)

32. 존 칼빈, 『기독교 강요』 (서울: 성문사, 1996)

33. 요한 크리소스톰, 『부자』, 조계광역 (서울: 규장, 2009)

34. 콜린 듀리에즈, 『프란시스 쉐퍼』, 홍병룡 역 (서울: 복있는 사람들, 2009)

35. 레인 데니스, 『프란시스 쉐퍼, 그의 삶과 사역』, 김선일 역 (서울: 아가페 출판사, 1994)

36. 로날드 사이더, 『복음주의 정치 스캔들』, 김성겸역(서울: 홍성사, 2010)

37. M. R. Langley, 『복음이냐? 혁명이냐?』, 이동영 역(서울: 한국로고스연구원, 1994),

38. 막스 베버, 『프로테스탄티즘의 윤리와 자본주의 정신』, 박성수역 (서울: 문예출판사, 1995)

39. 엘 깔스베이끄, 『기독교인의 세계관-도예벨트 사상 입문』, 황영철 역(서울: 성광문화사, 1992)

40. 리차드 스틸, 『그리스도인의 경제윤리』, 조계광역 (서울: 지평서원, 2011)

41. 스티븐 모트, 『복음과 새로운 사회』, 이문장 역(서울: 대장간, 1992)

42, 하워드 요더, 『예수의 정치학』, 신원하, 권연경 역(서울: IVP, 2007)

43. 한나 아렌트, 『공화국의 위기』, 김선욱 역 (서울: 한길사, 2011)

44. H. 헨리 미터, 『칼빈주의』, 박윤선, 김진홍 공역 (서울: 성광문화사,1983)

45. 헨리 데이빗 소로우, 『시민의 불복종』, 강승영역(서울: 은행나무,2011)

46. 라브리 편지 제23호 "국제 라브리 안내지", 한국 라브리 자료센터.

47. 『복음과 상황 8월호』 (서울: 복음과 상황, 2012)

48. 오덕교, "종교개혁의 유산으로서 청교도 운동 이해: 정치 개혁을 중심으로", 총신대학교 신학대학원 제479주년 종교 개혁제 세미나 1996.10.29

49. 『역사신학 논총 7집』 (2004)

50. Sidney M. Houghton, 『기독교 교회사』, 정중은 역 (서
　　울 : 나침반, 1993)

51. Wayne Grudem, 『Politics: according to The Bible』
　　(Zondervan, Grand Rapids, Michigan, 2010)

인터넷 자료

1. http://saegil.or.kr/quaterly/sg02f/02fdebate.html
2. http://www.newsnjoy.or.kr/news/articleView.
   html?idxno=192343
3. http://www.newsnjoy.co.kr/news/articleView.
   html?idxno=21526
4. http://cafe.daum.net/CPI2002?t__nil_cafemy=item
5. http://saegil.or.kr/quaterly/sg02f/02fdebate.html
6. http://news.donga.com/3/all/20120602/46703841/1
7. http://media.daum.net/society/?news
   Id=20121024103012425
8. http://business.blogs.cnn.com/2012/01/25/is-
   capitalism-outdated-in-the-21st-century/
9. http://mbn.mk.co.kr/pages/news/newsView.
   php?category=mbn00003&news_seq_no=1219977
10. http://www.sisaon.co.kr/news/articleView.
    html?idxno=13700
11. http://www.hani.co.kr/arti/opinion/col-
    umn/542085.html
12. http://www.hani.co.kr/arti/opinion/col-
    umn/542085.html

주

1) 1996년에 NCC는 문호를 개방해 〈한국정교회〉와 〈기독교 대한 하나님의 성회〉를 받아들였다. 이 때 조용기 목사가 이끄는 순복음 교단을 받아들인 것은 NCC의 정치적 성향이 보수화, 탈 정치화되는 것을 의미한다.

2) http://saegil.or.kr/quaterly/sg02f/02fdebate.html

3) http://www.newsnjoy.or.kr/news/articleView.html?idxno=192343

4) 여기서부터 한국 교회를 말할 때 진보적 성향의 교회를 의미하는 것이 아니라. 보수적인 교회를 포함한 복음주의 교회를 지칭한다. 그리고 앞으로 국가와 정부를 혼합하여 쓸 것인데 이것은 국가와 정부가 한 의미임을 밝힌다.

5) 김민웅, "한국 교회의 정치 참여, 그 올바른 진로를 위해–2007년 대선의 국면"(서울: 2007 기독교 사회포럼), 14. 김민웅은 다음과 같이 평가한다. "오늘날의 한국 교회의 보수 세력은 좀더 적극적으로 정치적 공간을 자신들에게 우리한 방식으로 확보하기 위해 노력하고 있는 상황이다. 이는 마치 미국에서 "도덕적 다수"라는 기치를 내건 레이건 이후 적극적인 정치세력화의 길로 들어섰던 것과 유사한 형태를 보이고 있다."

6) 사학법 개정의 문제점은 논의의 한계를 벗어나는 것임으로 이곳에서 논의하지 않는다. 다만 사학법 개정에 목숨을 거는 것은 선교의 자유보다는 기득권에 대한 투쟁이라 볼 수 있다. 왜냐하면 선교란 모든 것이 불가능 한 가운데 복음을 전하는 것이라는 단순한 논리를 생각한다면 선교의 자유의 논리에 부합하지 않는다고 볼 수 있다.

7) http://www.newsnjoy.co.kr/news/articleView.html?idxno=21526

8) 김인호, 『비기독교 대학생이 본 한국 기독교』 (서울: 죠이선교회, 1978), 62–3

9) http://www.cemk.org/, 『2010 한국교회의 사회적신뢰도 여론조사 결과 자료집(2010.12.15)』

10) http://www.amennews.com/news/articleView.html?idxno=12334

그리스도인의 정치 색깔

11) http://www.cemk.org/, 『2010 한국교회의 사회적신뢰도 여론조사
    결과 자료집(2010.12.15)』

12) J. 그레헴 메이첸, 『기독교와 자유주의(CHRISTIANITY AND LIB-
    ERALISM)』, 김길성 역(서울: 크리스챤출판사, 2004), 142. 메이첸
    은 신학적 자유주의가 되어가던 프린스턴 대학을 나와서 웨스트민
    스터 신학교를 세웠고 후에 다시 분리하여 훼이스 신학교를 세웠다.
    쉐퍼는 바로 메이첸의 제자로 훼이스 신학교 졸업자이다.

13) 메이첸, 144.

14) 유시민, 『국가란 무엇인가?』(서울; 돌베개 2011), 10.

15) 서철원, 『신앙과 학문』(서울: 기독교문서선교회, 1988), 82.

16) 국가에 대한 구체적 모형으로서의 이스라엘 : 국가에 대한 구체적 모
    형으로서 이스라엘을 볼 수 있다. 이미 이스라엘이 국가로 준비할 때
    열국은 자신들의 국가적 체계를 가지고 있었다. 이 사실들도 일반은
    총의 영역에서 설명할 수 있지만 구체적인 구속의 관점에서 국가에
    대한 이해를 가지기 위해서는 이스라엘을 이해하는 것이 필요하다.
    이스라엘을 사사 시대 이후에 혼란스러운 국정 가운데 요구되어진
    것이다. 사사기의 끝은 이렇게 맺고 있다. "그 때에 이스라엘에 왕이
    없으므로 사람이 긱긱 그 소견에 옳은 대로 행하였더라"(삿 21:25)
    각각 그 소견에 옳은 대로 행하였더라 이 표현은 매우 부정적인 표현
    임을 볼 수 있다. 그런데 이러한 부정적인 현실의 원인을 "왕"이 없
    었기 때문이라고 말하고 있는 것이다. 결국 이러한 현실이 보여주는
    것은 인간의 타락이 얼마나 큰 파괴력을 가졌는가를 잘 보여주는 것
    이며 동시에 국가와 통치에 대한 다가올 요구를 내포하고 있는 것이
    다. 결국 이스라엘 백성들은 하나님께 요구하였고 하나님은 이를 허
    락하셨다. 그러나 이러한 허락의 측면에서 유심히 보아야 할 것이 있
    다. 바로 사무엘을 통하여 들려 준 말씀이다. "가로되 너희를 다스
    릴 왕의 제도가 이러하니라 그가 너희 아들들을 취하여 그 병거와 말
    을 어거케 하리니 그들이 그 병거 앞에서 달릴 것이며 그가 또 너희
    아들들로 천부장과 오십부장을 삼을 것이며 자기 밭을 갈게 하고 자
    기 추수를 하게 할 것이며 자기 병거와 병거의 제구를 만들게 할 것
    이며 그가 또 너희 딸들을 취하여 향료 만드는 자와 요리하는 자와

떡굽는 자를 삼을 것이며 그가 또 너희 밭과 포도원과 감람원의 제일 좋은 것을 취하여 자기 신하들에게 줄 것이며 그가 또 너희 곡식과 포도원 소산의 십일조를 취하여 자기 관리와 신하에게 줄 것이며 그가 또 너희 노비와 가장 아름다운 소년과 나귀들을 취하여 자기 일을 시킬 것이며 너희 양떼의 십분 일을 취하리니 너희가 그 종이 될 것이라 그 날에 너희가 너희 택한 왕을 인하여 부르짖되 그날에 여호와께서 너희에게 응답지 아니하시리라"(삼상 8:11-18)

결국 열방들의 통치의 모습을 허락하신 것이다. 이렇게 세워진 통치 체제는 오랜 시간 동안 다양한 모습을 보여 주었다. 세 왕 과 그 이후에 분열된 왕국의 역사와 그리고 식민지 국가로 전락하여 쓸쓸히 울며 부르짖었던 구약의 역사는 하나님이 말씀하신 그 대로 이루어졌다. 결국 이스라엘은 하나님의 교과서였던 것이다. 하나님의 말씀하심이 무엇인가를 보여주고 기록한 것이다. 그러나 분명한 사실은 하나님은 자기 소견에 옳은 대로 행하는 것이 하나님이 뜻이 아님을 보여 주셨다. 왕권 제도가 바람직하지 않았지만 허락하신 것은 자기 소견에 옳은 대로 행하는 것이 옳지 않기 때문이다. 이스라엘은 실체적 국가에 대한 하나님의 허락하심을 분명하게 말하고 있고, 또한 국가의 역사를 보여주고 있다.

17) 물론 이에 대하여 반대하는 목소리가 있다. 그것은 루터, 아브라함 카이퍼와 같은 이들은 국가의 기원이 인간의 타락으로 인하여 생겨난 것으로 말하고 있다. 그러나 칼빈의 견해는 이들과 다르다. 이에 대하여 계속되는 논의를 통하여 살펴보겠지만 필자는 칼빈의 견해를 지지하고 있음을 밝힌다.

18) 오스카 쿨만, 『국가와 하나님의 나라』, 민종기역 (서울: 여수룬, 1999), 16-8.

19) 쿨만, 26.

20) 쿨만, 42.

21) 쿨만, 43.

22) 쿨만, 44.

23) 쿨만, 44.

24) 쿨만, 59.

그리스도인의 정치 색깔

25) 쿨만, 64.

26) 존 스토트, 『그리스도의 십자가』,황영철, 정옥배 공역 (서울 : IVP, 1991), 379.

27) 마틴 로이드존스, 『로마서 강해』 ,서문강 역, (서울: 기독교문서선 교회, 2003), 36.

28) 민종기, "국가와 영적 전쟁", 『국가와 하나님 나라』 , 134.

29) 민종기, "국가와 영적 전쟁", 74.

30) 박용규, 『초대 교회사』 (서울: 총신대학 출판부, 1995), 69.

31) Sidney M. Houghton, 『기독교 교회사』,정중은 역 (서울 : 나침반, 1993), 18. 기독교가 유대교와 같이 황제 숭배를 거부하는 이외에 이들 가운데 이상한 풍습으로 무신론, 식인 풍습, 근친상간 등의 헛소문 때문이었다. 2세기 로마의 저술가인 수에토니우스(Suetonius)는 그리스도인들에 대해 '고상하고도 유해한 미신을 따르는 종파'라고 기술하고 있다.

32) H. E. S, 볼드링, 『기독교 민주주의』 , 한국기독교 정치연구소 역 (서울: 한국기독교정치연구소, 2005), 81.

33) 안인섭,"어거스틴과 칼빈: 신국론과 기독교 강요에 나타난 교회와 국가사상 비교", 『역사신학 논총 7집』 (2004), 14.

34) 안인섭, 16.

35) 안인섭, 22.

36) 볼드링, 『기독교 민주주의』 ,96. 물론 지상의 도성은 하나님께 대항하는 천사들의 반역에서 시작되었다고 보는 견해도 있다. (안인섭,14), 서철원 교수도 어거스틴은 국가의 존재를 인간의 타락 때문에 생겨난 것이라고 보고 있다. (서철원 82)

37) 볼드링, 96.

38) 볼드링, 97.

39) 채은수, 『신, 역사 그리고 문화』 (서울: 총신대학출판부, 1993), 142.

40) 채은수, 144-5.

41) 볼드링, 106.

42) 볼드링, 106.

43) 볼드링, 107.

44) 볼드링, 114.

45) 볼드링, 127.

46) 볼드링, 127.

47) 볼드링, 128.

48) 볼드링, 128.

49) 볼드링, 129.

50) 볼드링, 130. "지상의 삶은 결코 완전해 질 수 없을 것이기 때문에 기
독교인들은 정부에 의하여 다스려져야 하고, 그들의 신앙을 계속적
으로 자신들의 삶의 모든 영역에서 증명해 나가야 한다."

51) 볼드링, 131.

52) 볼드링, 132.

53) 마르틴 루터, 『루터의 로마서 주석』 (경기도: 크리스챤다이제스트,
2001), 228. "유대인들의 생각과는 대조적으로, 사도는 그리스도인
들의 악한 자와 믿지 않는 자들에게도 복종하여야 한다고 가르친다.
따라서 베드로전서 2:13-15에서도 "인간의 모든 제도를 주를 위하여
순종하되"라고 말씀한다. 통치자들이 악하고 믿지 않는 자들이라 할
지라도, 그들이 지니고 있는 통치권 자체는 선하고 하나님께로부터
나온 것이다. 그래서 우리 주님께서는 우리 모두에게 본을 보이기 위
하여 빌라도에게 스스로를 복종시켜 "위에서 주지 아니하셨더라면
나를 해할 권한이 없었으리니"(요 19:11)라고 말씀하셨다."

54) 존 딜렌버거, 『루터 저작선』, 이향기 역 (서울: 크리스챤다이제스
트, 1996), 444.

55) 딜렌버거, 444.

56) 딜렌버거, 447.

57) 딜렌버거, 447.

58) 볼드링, 140.

59) 볼드링, 141.

60) H. 헨리 미터, 『칼빈주의』, 박윤선, 김진홍 공역 (서울: 성광문화
사, 1983), 81-82.

61) 볼드링, 141.

62) 볼드링, 142.

63) 안인섭, 26.

64) 볼드링, 151.

65) 존 칼빈, 『기독교강요』, (서울: 성문사, 1996), 4권 20장 28절.

66) 존 칼빈, 4권 20장 26절.

67) 존 칼빈, 4권 20장 32절.

68) 신동식, 『세잔의 사과』,(서울: 토라, 2006), 204-5.

69) 박명곤, 『칼빈의 신앙교육서』 (서울: 크리스챤다이제스트, 2001),
81."악한 통치자는 백성의 죄를 꾸짖는 하나님의 채찍이요, 선한 통
치자는 인간들의 구원을 유지하게 하시는 하나님의 은혜를 증거 한
다. 이 두 경우 모두 권세는 하나님에 의하여 주어졌기 때문에 우리
가 이 권세에 저항하면 질서와 제도를 거역하는 것이나 마찬가지이
다. 그런데 고위 공직자에 대한 순종으로부터 우리는 항상 한 가지
사실을 기대한다. 즉, 이 공직자에 대한 순종이 주님에 대한 순종을
막을 수 없다는 것이다. 모든 왕들의 명령들은 이 주님의 명령에 복
종해야 한다. 그러므로 주님은 왕들 가운데 왕이시요, 그가 일단 그
의 거룩한 입을 열면 모든 사람이 그의 음성을 청종할 수밖에 없다.
이처럼 왕중 왕이신 주님께 복종하는 것을 먼저 한 다음, 우리는 우
리를 다스리기 위하여 세워진 공직자들에게 순종해야 한다. 그러니
이 순종은 주 안에서의 순종이어야 한다. 만약 누가 주님의 뜻에 반
대되는 그 무엇을 하라고 명령할 경우 우리는 아무것도 할 필요가 없
으며, 그러한 명령은 아랑곳하지 않아도 괜찮다. 오히려 우리는 사
람보다 하나님께 순종해야 한다(행 4:19)."

70) 아브라함 카이퍼, 『삶의 체계로서의 기독교』,서문강역 (서울: 새순
출판사,1992), 84.

71) 카이퍼, 85.

72) 카이퍼, 87.

73) 카이퍼, 87.

74) 카이퍼, 101-2.

75) 볼드링, 267.

76) 볼드링, 269.

77) 카이퍼, 102.

78) 신동식, 『세잔의 사과』, 209.

79) 미터, 80. "만일 국가가 단순히 뿌리 깊은 습관에만 근거하였다면, 국가의 도덕적 기초는 매우 약할 것은 의심할 여지가 없다."

80) 미터, 81.

81) 서철원, 84.

82) 서철원, 84.

83) 서철원, 85.

84) 서철원, 87.

85) 서철원, 87.

86) 딜렌버거, 446.

87) 신동식, 『세잔의 사과』, 215.

88) 신동식, 『세잔의 사과』, 215.

89) 신동식, 『세잔의 사과』, 215.

90) 신동식, 『세잔의 사과』, 217.

91) 쿨만, 98.

92) 쿨만, 99.

93) 서철원, 97.

94) 존 칼빈, 4권 20장.

95) 23장 국가의 위정자들에 대하여

23.1 온 세계의 주가 되시고 왕이신 하나님께서는 자기의 영광과 백성들의 유익을 위하여 위정자들을 자기 밑에 세우사 백성들을 다스리도록 하셨다. 그리고 이 목적을 이루시기 위해 칼의 힘으로 그들을 무장시키셔서 선한 자들을 보호하고 격려하며 행악자들을 처벌하도록 하셨다.

23.2 그리스도인이 관공직에 임명을 받으면 그것을 받아들여 수행하는 것이 합당하다. 그 직분을 수행함에 있어서 그들은 마땅히 국가의 건전한 법률에 따라 특별히 경건과 정의와 평화를 유지하도록 해야 한다. 이 목적을 위해 신약아래 있는 지금 신자는 정당하고 부득이한 경우에 합법적인 전쟁을 수행할 수 있다.

23.3 국가의 위정자들이 말씀과 성례의 집행이나 하늘나라의 열쇠의 권세를 자기들의 것으로 취해서는 안 된다. 혹은 그들이 조금이라도

그리스도인의 정치 색깔

신앙의 문제에 간섭해서도 안 된다. 그러나 양육하는 아버지와 같이 그리스도인들의 어느 한 교파를 다른 교파보다 우대하지 않고 같은 주님의 교회를 보호하는 것이 위정자들의 임무이다. 폭력이나 위험의 염려 없이 모든 교직자들이 신성한 기능의 모든 부분을 이행할 수 있는 충분하고 의심할 여지가 없는 자유를 누릴 수 있도록 보호해야 한다. 그리고 예수 그리스도께서 그의 교회 안에 정규적인 정치와 권징을 정하셨으므로 그리스도인들이 자기 교파에 자발적으로 회원이 되어 자신들의 고백과 신념에 따라 그것을 정당하게 행사하려 할 때 국가의 그 어떤 법률이라도 간섭하거나 강요하거나 방해해서는 안 된다. 아무도 종교의 구실로나 불신앙의 구실로 모욕이나 고문을 당하거나 학대나 상해를 강하여 고생하는 일이 없도록 선량한 시민의 인권과 명예를 보호할 의무가 위정자들에게 있다. 또 모든 종교적, 교회적 집회가 방해와 교란 없이 개최될 수 있도록 질서를 유지하는 것이 국가 위정자들의 의무이다.

23.4 위정자들을 위해 기도하며 그들의 인격을 존중하고 세금과 기타 의무를 다하고 양심을 위하여 그들의 합법적 명령에 순종하며 그들의 권위에 굴복하는 것은 백성의 의무이다. 불신앙이나 종교의 차이로 말미암아 위정자가 갖는 옳고 합법적인 권위를 무시해서는 안 되며 백성들이 마땅히 바쳐야 할 순종을 거절해서도 안 된다. 이런 의무에 있어서 교직자들도 제외되지 않는다. 더구나 교황은 위정자들이 통치하는 영토에서 위정자들 위에나 백성 위에 어떤 권세나 사법권을 갖지 못한다. 그가 위정자를 이단자라고 판정하거나 그 외 다른 어떤 구실로도 그들의 통치권과 생명을 박탈할 수 없다.

96) http://news.donga.com/3/all/20120602/46703841/1

97) 스티븐 모트, 『복음과 새로운 사회』, 이문장 역(서울: 대장간, 1992), 195-6.

98) 모트, 196.

99) 프란시스 쉐퍼, 『기독교와 정부 그리고 시민 불복종 운동』, 김종철 역 (서울: 예영커뮤니케이션, 1994), 40.

100) 모트, 197.

101) 모트, 198.

102) http://ko.wikipedia.org/wiki/법

103) 헨리 데이빗 소로우, 『시민 불복종』 강승영 역 (서울: 은행나무,2011), 21

104) 신동식, 『정직한 성도, 신뢰 받는 교회를 위한 30일 여정』, (서울: 예영커뮤니케이션, 2009), 94.

105) 프란시스 쉐퍼, 『기독교와 정부 그리고 시민 불복종 운동』, 14.

106) 프란시스 쉐퍼, 『기독교와 정부 그리고 시민 불복종 운동』, 15.

107) 신동식, 『30일 여정』,113-4

108) 프란시스 쉐퍼, 『기독교와 정부 그리고 시민 불복종 운동』, 15-6.

109) 프란시스 쉐퍼, 『기독교와 정부 그리고 시민 불복종 운동』, 18.

110) 프란시스 쉐퍼 & 에버레트 쿠프, 『인간, 그 존엄한 생명』, 24. "홈즈는 말하기를 진리란 다른 모든 것을 압도해 버리는 그 나라의 과반수의 찬성이라고 하였다."

111) 소로우, 36

112) 프란시스 쉐퍼, 『기독교 선언, (1982)』, 75.

113) 존 화이트헤드, "가르침으로, 삶으로, 그리고 행동으로", 레인 데니스, 『프란시스 쉐퍼, 그의 삶과 사역』,김선일 역 (서울: 아가페출판사, 1994), 264.

114) 프란시스 쉐퍼, 『기독교 선언』,홍치모역(서울; 성광문화사 1993), 105.

115) 프란시스 쉐퍼, 『기독교 선언(1993)』,107. 쉐퍼는 특별히106-113에서 종교개혁을 위하여 신앙적인 불복과 시민의 저항이 유럽 전 지역에서 일어났음을 증명하고 있다. 그는 윌리엄 틴데일, 죤 번연, 네덜란드, 스웨덴, 덴마크, 독일, 스위스, 제네바와 무력에 의해 종교개혁의 꿈이 무너진 헝가리, 프랑스, 스페인 등을 예로 들고 있다.

116) 프란시스 쉐퍼, 『기독교 선언(1982)』, 14.

117) 프란시스 쉐퍼, 『기독교 선언(1982)』, 15.

118) 프란시스 쉐퍼, 『기독교 선언(1982)』, 115. 러더포드는 말하기를 "윤리적인, 정치적인, 도덕적인 압제 권은 하나님으로부터 온 것이 아니며, 참된 권세가 아닙니다. 일종의 권력남용입니다. 하나님께로부터 온 것이 아니며, 죄성으로 부터 나온 옛 뱀과 같은 죄를 짓는

그리스도인의 정치 색깔

특허권이라 할 수 있습니다."고 하였다.

119) 프란시스 쉐퍼, 『기독교 선언(1982)』, 115.

120) 프란시스 쉐퍼, 『기독교 선언(1982)』, 116.

121) 프란시스 쉐퍼, 『기독교 선언(1982)』, 104.

122) 소로우, 41.

123) 모트, 249.

124) 쉐퍼, 『기독교 선언,1982』, 121.

125) 쉐퍼, 『기독교 선언,1982』, 121.

126) 스티븐 모트, 『복음과 새로운 사회』, 250. "혁명의 동기는 평화와 질서의 실현과 함께 어느 정도의 정의를 세우는 것이어야 한다. 즉 그것은 불의하게 정권을 탈취함으로써 정통성이 명백하게 거부되는 정권을 전복하는 데 있어서만 정당화된다. "정의로운 전쟁"이론에서 는 남의 나라를 침략한 자를 격퇴시키는 것이 도덕적 명령이 된다."

127) 모트, 250-4.

128) 쉐퍼, 『기독교 선언,9882』, 121. "쉐퍼는 여기서 폭력과 무력의 차이점을 설명하면서 오스 기네스(Os Guinness)의 저서 『죽음의 재』(The Dust of Death)를 인용한다. "그런 명백한 구별이 없나면 부모로서 혹은 내동령으로서의 권위나 훈계를 정당화시킬 도리가 없습니다. 이 타락된 세상에서 무력을 제외해버린 법적 공정성은 너무 어리석은 이상이라 볼 수 있습니다. 사회는 경찰력이 있어야 하며, 사람은 자기 아내를 강간당하는 것에서 구할 권리가 있습니다. 형식 안에서의 자유를 누릴 수 있는 사회는 경벌을 내포하는 의무를 부과하는 사회입니다. 이것은 국가나 사업체, 공동체, 학교 같은 갖가지 종류의 사회에 모두 적용되는 말입니다"(오스 기네스, 『The Dust of Death』 (Downers Grove, IL: Inter Varsity Press, 1973), p 177-178. 재인용)

129) 프란시스 쉐퍼, 「기독교 선언,1982」, p122. "쉐퍼는 국가나 개인이나 이러한 무력을 사용 할 때에는 두 가지 원칙을 지켜야 한다고 보았다. "첫째는 무력을 행사하는데 있어서 합법적인 근거와 합법적인 방법을 사용해야 한다. 둘째는 어떤 경우에라도 무력이 폭력이 되어서는 안 된다."

130) 양낙홍, 『한국 기독교의 사회 윤리적인 책임』, (서울:IVP, 1998), 42. "그렇다고 시민 불복종의 문제는 정부의 불필요성을 이야기하는 것이 아니다. 칼빈에 있어 정치를 거부하는 것은 인간성을 박탈하는 것과 마찬가지였다. 재세례파들이 정부를 철폐하려고 시도했을 때 칼빈은 그것을 '천인공노할 야만'이라고 공격했다. 정치는 더러운 것이기 때문에 그리스도인들과는 무관하며 그리스도인들이 순수성을 지키기 위해서 정치를 멀리해야 한다는 생각은 칼빈에게는 한낱 '광신'일 뿐이었다.[기독교 강요, 4권20장2절]"

131) 프란시스 쉐퍼, 『기독교 선언(1982)』, 123. "쉐퍼는 이러한 비폭력 저항 운동의 한 형태를 들기를 "낙태에 사용되는 세금을 거부하는 일"이라고 하였다.

132) 프란시스 쉐퍼, 『기독교와 정부 그리고 시민 불복종』, 41. "우리는 만약 어떤 국가 기관이라도 하나님의 법에 반대하는 것을 명령한다면 그 기관의 권위는 소멸된다는 것을 깨달아야 합니다. 이런 법을 주신 하나님께 대한 우리의 충성은 우리가 권력의 독재적인 횡포에 적절한 단계를 취하여 반응할 것을 요구합니다."

133) 프란시스 쉐퍼, 『기독교 선언(1982)』, 133. '이 부분에 있어서 앞을 나올 『프란시스 쉐퍼의 정치윤리(우리시대)』에서 좀 더 심도 있게 다룰 것이다.

134) 소로우, 42.

135) 소로우, 40.

136) 프란시스 쉐퍼, 『기독교와 정부 그리고 시민 불복종 운동』, 43.

137) 프란시스 쉐퍼, 『기독교와 정부 그리고 시민 불복종 운동』, 43.

138) 신동식, 『30일 여정』, 125

139) Klaus Schwab, founder of the World Economic Forum, is in no doubt that capitalism is "outdated," and that talent, not capital, should be the main driver of economies.
http://business.blogs.cnn.com/2012/01/25/is-capitalism-out-dated-in-the-21st-century/

140) 경제적인 의미에서의 작은 나라라는 의미가 아니라 지정학적인 측면에서의 작은 나라라는 의미

그리스도인의 정치 색깔

141) http://mbn.mk.co.kr/pages/news/newsView.
php?category=mbn00003&news_seq_no=1219977

142) http://www.sisaon.co.kr/news/articleView.html?idxno=13700

143) http://www.hani.co.kr/arti/opinion/column/542085.html

144) http://www.hani.co.kr/arti/opinion/column/542085.html

145) 김재성. 『가난한 부자』, (서울; 선교햇불, 2008), 83.

146) 리차드 스틸, 『그리스도인의 경제윤리』, 조계광역 (서울; 지평서
원, 2011), 14.

147) 김명수, "초기 기독교 예수 운동에 나타난 공 경제윤리"『신학사상
150집, 2010 가을』, 99.

148) 막스 베버, 『프로테스탄티즘의 윤리와 자본주의 정신』, 박성수역 (
서울; 문예출판사, 1995), 133.

149) 양낙홍, 『깨끗한 부자, 가난한 성자』,(서울; IVP, 2012), 106.

150) 양낙홍, 『깨끗한 부자, 가난한 성자』, 107.

151) 양낙홍, 『깨끗한 부자, 가난한 성자』, 107.

152) 요한 크리소스톰, 『부자』, 조계광역(서울; 규장, 2009), 51.

153) 스틸, 17.

154) 스틸, 19.

155) 김회권, "경제 민주화, 성경의 지침", 『복음과 상황 8월호』 (서울;
복음과 상황, 2012), 44.

156) 김회권, 37.

157) 김영생, "경제 민주화, 성경의 지침", 『복음과 상황 8월호』 (서울;
복음과 상황, 2012), 36.

158) "토지를 영구히 팔지 말 것은 토지는 다 내 것임이니라 너희는 거류
민이요 동거하는 자로서 나와 함께 있느니라"(레25:23)

159) "천국은 마치 품군을 얻어 포도원에 들여보내려고 이른 아침에 나
간 집 주인과 같으니 저가 하루 한 데나리온씩 품군들과 약속하여
포도원에 들여보내고 또 제 삼시에 나가보니 장터에 놀고 섰는 사람
들이 또 있는지라 저희에게 이르되 너희도 포도원에 들어가라 내가
너희에게 상당하게 주리라 하니 저희가 가고 제 육시와 제 구시에
또 나가 그와 같이 하고 제 십일시에도 나가 보니 섰는 사람들이 또

있는치라 가로되 너희는 어찌하여 종일토록 놀고 여기 섰느뇨 가로
되 우리를 품군으로 쓰는 이가 없음이니이다 가로되 너희도 포도원
에 들어가라 하니라 저물매 포도원 주인이 청지기에게 이르되 품군
들을 불러 나중 온 자로부터 시작하여 먼저 온 자까지 삯을 주라 하
니 제 십일시에 온 자들이 와서 한 데나리온씩을 받거늘 먼저 온 자
들이 와서 더 받을 줄 알았더니 저희도 한 데나리온씩 받은지라 받
은 후 집 주인을 원망하여 가로되 나중 온 이 사람들은 한 시간만 일
하였거늘 저희를 종일 수고와 더위를 견딘 우리와 같게 하였나이다
주인이 그 중의 한 사람에게 대답하여 가로되 친구여 내가 네게 잘
못한 것이 없노라 네가 나와 한 데나리온의 약속을 하지 아니하였느
냐 네 것이나 가지고 가라 나중 온 이 사람에게 너와 같이 주는 것이
내 뜻이니라"(마20:1-14)

160) 이 말씀은 천국에 대한 비유입니다. 그러므로 그 의미는 구원에 관
한 말씀이 우선순위입니다. 구원은 순서에 상관없습니다. 구원은 나
이에 상관없습니다. 구원은 우리의 행위와 상관없습니다. 구원은 하
나님의 주권에 속한 것이며 하나님의 은혜로 이루어지는 것이기 때
문입니다.

161) 양낙홍, 『깨끗한 부자, 가난한 성자』, 172.

162) 막스 베버, 『프로테스탄티즘의 윤리와 자본주의 정신』, 133.

163) 스틸, 17-20.

164) 양낙홍, 『깨끗한 부자, 가난한 성자』, 219.

165) 양낙홍, 33-47 "청부론에 대하여는 분명하게 비판하고 자발적 가난
에 대하여는 정신은 동의하되 혹시 문자적으로 가난을 권면하고 있
다면 그것은 비성경적이라고 비판한다."

166) 양낙홍, 『깨끗한 부자, 가난한 성자』, 227.

167) 김영생, 215. "물론 김영생의 말대로 가난한 부자도 그 의미를 잘 담
고 있다"

168) 김회권, 45.

169) 자발적 불편으로서의 기독교 경제윤리를 말하면서 마지막에 대안
경제 체제를 언급하는 것은 자발적 불편으로서의 기독교 경제윤리
가 단지 이론으로 끝나는 것이 아니라 현실에서 실현가능 할 수 있

그리스도인의 정치 색깔

다는 의미로 협동조합 기업을 첨언하는 것입니다.

170) 김현대외 2인, 『협동조합 참 좋다』, (서울; 푸른지식, 2012), 29.

171) 김현대외 2인, 31

172) 김현대외 2인, 31

173) 김현대외2인, 31-2.

174) 김현대외2인, 32-3. "1. 자발적이고 개방적인 기업 협동조합은 자발적인 조직이자 기업으로서, 조합의 서비스를 이용할 수 있고, 조합원의 책임을 다할 의지가 잇는 모든 사람에게 성, 사회, 인종, 정치 및 종교의 차별 없이 열려있다. 2. 조합원에 의한 민주적 통제 주주의 투표권이 보유 지분에 따라 정해지는 자본주의 회사와 달리, 협동조합 운동은 어떤 단계에서도 '1인1표'를 규칙으로 채택한다. 3. 조합원의 경제적 참여. 조합원은 똑같은 규모는 아니라도 공평하게 협동조합의 자본에 참여하며 그 자본을 민주적으로 통제한다. 4. 자율과 독립,협동조합은 조합원에 의해 통제되는 자율적이고 자조(自嘲, self-help)적인 조직이다. 5. 교육, 훈련 및 홍보, 협동조합은 조합원, 선출된 대표자, 경영 관리자, 조합 직원에 대해 적절한 교육과 훈련을 제공한다.(로치데일 조합의 원칙에는 매년 잉여금의 2.5 퍼센드를 연구와 조합원 교육에 배정했디.) 6. 협동조합 간의 협력, 협동조합 활동은 자기 조직 내부로 국한하지 않는다. 협동조합은 지방, 국가 및 지역, 세계 차원에서 서로 협력함으로써 조합원에게 가장 효과적으로 봉사하고 협동조합 운동의 힘을 강화한다. 7. 지역 사회 기여, 맨체스터 총회에서 추가된 새로운 원칙이다. 협동조합은 조합원의 동의를 얻어 조합이 속한 지역사회의 지속 가능한 발전을 위해 노력한다."

175) 김현대외 2인, 174-5, 220-2.

1) 협동조합 기업의 대표는 아마도 스페인의 몬드라곤 그룹입니다. 1956년 바스크 지역에서 시작된 몬드라곤은 스페인에서 매출 9위, 고용 3위의 기업집단이 되었습니다. 몬드라곤은 2008년 글로벌 금융위기를 해고없이 극복하였습니다. 8000명이 일시에 휴직에 들어가는 어려움을 겪기는 하였지만 휴직자들은 평균연봉의 80%을 받았고, 이후에 전원 재취업 하였습니다. 철저하게 공존공생의 모델

을 가진 기업입니다.

2) 또한 스위스의 미그로는 지역으로부터 지역으로라는 지역화 정
책을 일관적으로 유지하고 있습니다. 그래서 더 많은 수익을 내기
위하여 세계 시장을 넘보지 않고 오로지 조합원의 편익을 위하여 존
재한다. 그러므로 가장 좋은 제품을 만들어 공급하는 것이 목적입
니다. 자발적으로 환경기준을 철저하게 지킴으로 함께 사는 공생의
삶을 추구합니다.

3) 서구에만 협동조합이 있는 것이 아닙니다. 우리나라에도 협동조
합이 있습니다. 그 가운데 원주 생협은 한국의 협동조합의 중신이
라고 할 수 있습니다. 그 가운데 원주의료 생협은 아주 중요합니다.
원주의료 생협은 2300명의 조합원의 출자금으로 세워졌고 운영됩
니다. 원주의료 생협은 나눔과 공존의 정신이 분명합니다. 원주의료
생협이 운영하는 병원에는 '환자의 권리장전'이 걸려있습니다. 모든
환자는 담당 의료진으로부터 자신의 질병에 관한 현재의 상태, 치료
계획 및 예후에 관한 설명을 들을 권리와 검사 자료를 요구하고 시
행여부를 선택할 권리가 있다는 내용입니다. 원주의료 생협은 2011
년 매출이 11억6000만원이었습니다. 이러한 이익은 지역으로 환원
됩니다. 2011년에는 형편이 어려운 120가구의 집을 수리하였습니다.
저소득층을 위한 방문 치료도 합니다. 쉬운 길이 아니라 함께 가는
길을 선택하는 것이 바로 협동조합입니다. 그러기에 무엇보다 성경
의 경제윤리에 가장 가깝다고 할 수 있습니다. 이에 대하여 김현대
외 2인이 쓴 〈협동 조합 참 좋다〉를 추천합니다.

176) 이 부분에 있어서 2012년 상반기에 IVP에서 나온 『어떻게 투표할
것인가?』가 비슷한 모습을 가지고 있다. 『어떻게 투표할 것인가?
』는 통일,환경,교육,복지,토지,경제에 대하여 6개 부분에 있어서
전문적으로 다루어졌다. 많은 부분에서 유익한 정보를 담고 있다.
총선을 준비하면서 나온 책이지만 정치적 선택에 있어서 좋은 길잡
이가 될 것이다. 그래서 여기에서는 전문적으로 다루지 않았다. 사
실 전문적인 식견도 턱없이 부족하기 때문이다. 하지만 좀 더 보편
적으로 생각 할 수 있는 부분을 개괄적으로 나열하는 것이 필요하
다고 생각하였다. 그래서 잠자는 우리의 생각에 시원한 바람을 주

그리스도인의 정치 색깔

어서 적어도 생각 없이 투표장에 가는 일을 막아보자는 의도이다.

177) 신동식, 『정직한 성도, 신뢰 받는 교회를 위한 30일 여정』 (서울; 예영커뮤니케이션, 2009), 112.

178) http://www.sisaseoul.com/news/articleView.html?idxno=50298

179) http://news.chosun.com/site/data/html_dir/2012/07/25/2012072500112.html

180) 임대료가 40-50만원이 되는 경우도 있다. 여기에 관리비까지 합치면 배보다 배꼽이 더 큰 것이 된다. 이것은 들어오지 말라는 것이다.

181) 신동식, 『정직한 성도, 신뢰 받는 교회를 위한 30일 여정』, 69

182) 신동식, 『정직한 성도, 신뢰 받는 교회를 위한 30일 여정』, 35

183) http://media.daum.net/society/?newsId=20121024103012425“한국은 세계 138국중 108위의 성 불평등 국가”

그리스도인의 정치 색깔

펴낸날 2012년 11월 20일 초판 1쇄 발행

지은이 신동식
펴낸이 신덕례
디자인 이하양
영   업 김주호
기   획 김항석
재   무 권혜영

펴낸곳 우리시대
경기도 고양시 덕양구 주교동 587-5번지 401호
T. 070-7745-7141 F. 031-967-7141
woorigeneration@gmail.com
www.facebook.com/woorigeneration

ISBN 978-89-966507-8-2

‘우리시대’는 기독교 세계관으로 시대를 밝힙니다.
‘우리시대’는 정직한 질문에 정직한 답변을 줍니다.
‘우리시대’는 균형잡힌 그리스도인을 세우는 일을 합니다.
‘우리시대’는 다음세대를 준비합니다.
‘우리시대’는 변방에서 중심을 깨우는 일을 합니다.